D1993828

Kaiser Traktate

Wolfgang Stegemann

Das Evangelium und die Armen

Über den Ursprung der Theologie der Armen im Neuen Testament

Chr. Kaiser

CIP-Kurztitelaufnahme der Deutschen Bibliothek

Stegemann, Wolfgang:
Das Evangelium und die Armen : über d. Ursprung d. Theologie d. Armen im Neuen Testament / Wolfgang Stegemann. – München : Kaiser, 1981
(Kaiser Traktate; 62)
ISBN 3-459-01393-1
NE: GT
© 1981 Chr. Kaiser Verlag München.
Printed in Germany
Alle Rechte vorbehalten. Abdruck, auch auszugsweise, nur mit Genehmigung des Verlages.
Fotokopieren nicht gestattet.
Umschlag: Christa Manner
Gesamtherstellung: Georg Wagner, Nördlingen.

Vorwort

Dieser Traktat entstand aus Vorträgen, die ich in verschiedenen Kreisen gehalten habe. Das Interesse an der »Theologie der Armen« hat die Einladenden wie mich bewogen, die eigene Position biblisch zu vertiefen. Vieles mußte in diesem Beitrag notwendig thesenhaft bleiben, um in der Kürze eines Traktates dennoch einen Gesamteindruck der neutestamentlichen Tradition in bezug auf die »Theologie der Armen« vermitteln zu können. Einige Auslegungen neutestamentlicher Texte wird der Leser als ungewöhnlich empfinden. Die Anmerkungen beschränken sich auf wenige Hinweise und Belege.
Ich widme diesen Traktat meinem Freund Willy Schottroff zum 50. Geburtstag.

Heidelberg, im Juni 1981

Wolfgang Stegemann

I Die Armen im Evangelium

0 Armut ist ein relativer Begriff

Armut ist ein relativer Begriff. Im ursprünglichen Sinne des Wortes umschreibt er die äußeren, wirtschaftlichen und sozialen Lebensbedingungen von Menschen. Die Konkretion der mit diesem Begriff umschriebenen Lebenslage hängt jedoch von der jeweiligen sozio-ökonomischen Situation der Gesellschaft insgesamt und vom gesellschaftlichen Standort des Sprechers ab. So hatten ein verarmter Adeliger und ein armer Weber am Ausgang des 19. Jh. in Deutschland wenig miteinander gemein. Während sich der Weber an der Hungergrenze des »Unter-Lebens« befand, war aus seiner Sicht der verarmte Adelige noch reich. Aus der Perspektive von dessen Standesgenossen galt dieser wiederum als arm, weil er nicht standesgemäß leben konnte. Beidemale bezeichnet der Begriff »arm« hier einen materiell und sozial faßbaren Ort in der Gesellschaft. Darüber hinaus kann der Begriff auch in einem übertragenen Sinn verwendet werden. Dies wird jedoch in der Regel durch entsprechende Zusätze – etwa gefühlsarm – ausgedrückt oder durch den näheren Zusammenhang deutlich. Und dort, wo aus religiösen (Bettelmönche) oder weltanschaulich-politischen Gründen (Kyniker) Armut oder absolute Bedürfnislosigkeit als idealer Zustand verstanden werden, ist immer auch eine entsprechende äußere Lebenssituation vorauszusetzen und eine Relation zum Leben der Gesellschaft implizit oder explizit vorhanden.

1 Begriffe für arm im Neuen Testament

Im Neuen Testament ist der häufigste griechische Begriff zur Bezeichnung von Armut der Terminus ptōchos. Der sonst in der griechisch-sprachigen Literatur der Antike überwiegende Ausdruck penēs für Arme kommt nur 2 Kor 9,9 (in einem alttestamentlichen Zitat) vor. Der damit verwandte Begriff penichros begegnet ebenfalls nur einmal (Lk 21,2). Die von dem jüdischen Historiker Flavius Josephus bevorzugte Bezeichnung für arm (aporos) fehlt im Neuen Testament gänzlich. An einer Stelle lesen wir einen Ausdruck für »bedürftig« (Apg 4,34: endeēs). Dieser Sprachgebrauch ist aus verschiedenen Gründen aufschlußreich. Das Überwiegen des Begriffes ptōchos zur Bezeichnung von Armut hat – wie wir noch sehen werden – seinen Grund in der realen Lebenssituation der damit gemeinten Menschen: Sie sind *bettelarme*, ums Überleben kämpfende Elendsgestalten. Mit dem Begriff penēs hätte man diese Lebenssituation gar nicht umschreiben können. Denn in der griechisch-sprachigen Literatur wird in den meisten Fällen unterschieden zwischen dem bettelarmen ptōchos, der nichts besitzt, und dem penēs, der mäßig oder wenig besitzt und sparsam leben muß.

Zu den penētes gehörten Kleinbauern und Handwerker, die selber arbeiten und in der Regel kärglich leben mußten. Ihnen stehen die Reichen (plousioi) gegenüber, die von ihrem Besitz leben und andere für ihr gutes Leben arbeiten lassen konnten. Den äußersten Gegensatz zu den Reichen bildeten die ptōchoi[1]. Sie gab es schon in der klassischen Antike, doch scheint diese Gruppe der Elenden in der römischen Kaiserzeit allerorten bedeutend größer gewesen zu sein, so daß der überwiegende Gebrauch von ptōchos im Neuen Testament auch als Ausdruck einer realen gesellschaftlichen Situation zu begreifen ist[2].

2 *Arm im übertragenen Sinn*

In den meisten Fällen werden im Neuen Testament die Bezeichnungen für »arm« im ursprünglichen, sozio-ökonomischen Sinn verwendet. Eine Ausnahme ist z. B. Gal 4,9, wo Paulus die Mächte (stoicheia) als arm bezeichnet. Dagegen scheint mir nicht ganz eindeutig zu sein, ob jene Bemerkung des Paulus in 2 Kor 8,9 über die Armut Jesu nur übertragen gemeint ist. Besonders umstritten ist ja die Seligpreisung der »Armen im Geiste« (hoi ptōchoi tǭ pneumati) in Mt 5,3. Offensichtlich ist hier nicht an materielle Armut gedacht, doch wäre es verfehlt, gerade von dieser Stelle her andere Armutsaussagen in den Evangelien »spiritualisiert« zu deuten. Darüber hinaus ist beachtenswert, daß gerade auch die übertragene Verwendung von Armutsbegriffen im Neuen Testament Assoziationen der damaligen Leser zur realen Lage der Armen erkennen lassen. So ist in Gal 4,9 der Begriff »arm« für die »Mächte« mit einer Bezeichnung für »machtlos«, »schwach« und »krank« (asthenēs) verbunden. In 2 Kor 8,9 wird der auch sonst für das Neue Testament und andere antike Texte typische *Gegensatz* von bettelarm (ptōchos) und reich (plousios) vorausgesetzt. Mit derselben Opposition argumentiert auch Apk 3,17. Dem Reichen, der keinen Mangel hat, steht auch hier der Arme gegenüber. Ja, gerade in diesem Vers wird die Situation des Bettelarmen prägnant umschrieben. Der Begriff ptōchos wird hier nämlich in einem Atemzug mit anderen Begriffen genannt, die insgesamt auf die Lage des Armen verweisen: Er ist der Elende (ho talaipōros), der Bejammernswerte (ho eleeinos), blind (typhlos) und nackt (gymnos). Diese Charakterisierung – auch wenn sie hier wohl in einem übertragenen Sinn verwendet wird – ist eine, wenn auch nicht umfassende, so doch äußerst realistische Beschreibung der Armut, wie sie überall im Neuen Testament vorausgesetzt wird. Der Arme ist elend und bejammernswert, krank und notdürftig bekleidet. Und wir dürfen hinzusetzen: Ihm mangelt es an der notdürftigsten Nahrung zum Leben, er ist ein Bettler, der auf Almosen angewiesen ist. Dies soll im folgenden näher ausgeführt werden.

3 Die Armen sind krank

Auch sonst werden im Neuen Testament die Armen mit den *Kranken* in einem Atemzug genannt: Krüppel, Blinde, Lahme u. a. gehören mit den Armen zusammen (Lk 14, 13.21; 4,18 f; 7,22; Mt 11,5; 25,35 f; vgl auch Gal 4,9). In Lk 14,13 wird dazu aufgefordert, anstelle der Freunde, Verwandten und reichen Nachbarn eben diese »Galerie« der Armen zum Gastmahl einzuladen. Und aus Lk 14,21-23 kann man erschließen, daß es neben den *ortsansässigen* Armen – Krüppel, Blinde, Lahme – auch *wandernde* Arme gab[3]. Lazarus, diese Symbol gewordene Gestalt eines Armen, liegt krank vor der Türe eines Reichen und wartet darauf, sich von dessen Abfällen zu ernähren (Lk 16,20). Eine feinsinnige Unterscheidung zwischen den (noch) nicht kranken Bettelarmen und den Blinden, Lahmen und Krüppeln ist also kaum sinnvoll. Umgekehrt ist vielmehr damit zu rechnen, daß an vielen Stellen im Neuen Testament (vor allem in den Evangelien), die von Kranken berichten, genau dieses soziale Milieu der Bettelarmen assoziiert werden muß. Viele Heilungswunder Jesu spielen in diesem sozialen Milieu (Lk 4,31-37. 38-42; 5,12-16. 17-26; 6,6-11.18 f). Besonders anschaulich wird dieser Zusammenhang in der Erzählung vom blinden Bettler Bartimäus dargestellt (Mk 10,46-52 parr.). Zweifellos hat es in der Antike die absichtliche Verstümmelung von (zumeist ausgesetzten) Kindern gegeben, die dann als Bettler mißbraucht wurden. Diesen Vorgang schildert in aller seiner Grausamkeit der ältere Seneca in den »Controversiae« (X,4). Aus dem Neuen Testament können wir jedoch kein diesen Äußerungen vergleichbares Ressentiment gegenüber den kranken Bettlern entnehmen.

4 *Die Armen sind nackt*

Apk 3,17 schildert die Lage eines Bettelarmen zutreffend, wenn dieser *nackt* (gymnos) genannt wird. Der blinde Bartimäus war zwar noch im Besitze eines Mantels (himation: Mk 10,50). Darin scheint er jedoch (für palästinische Verhältnisse) eine Ausnahme gewesen zu sein, da ein solches Obergewand für einen Bettler fast unerschwinglich war. In Lk 3,11 wird gar nicht mehr mit solch einem kostbaren Besitz gerechnet, wenn Johannes der Täufer die Volksmenge dazu auffordert: »Wer zwei Untergewänder (chitōn) hat, gebe dem eines ab, der keines hat, und wer Speise hat, tue desgleichen«. Nackt zu sein – dh. wohl nur Fetzen am Leibe zu tragen und frieren zu müssen (Jak 2,16) – kennzeichnet die Armen. Dies geht auch aus Jak 2,15 und Mt 25,36 hervor. Schon Hiob setzt 24,10 voraus (vgl. Mt 5,40), daß dem Armen buchstäblich noch das letzte Hemd gepfändet wurde. Ebenso wird in Mt 6,25 par. damit gerechnet, daß die hier angesprochenen Armen nichts anzuziehen haben.

5 *Die Armen hungern*

In einem unmittelbaren Zusammenhang mit der dürftigen Bekleidung der Armen wird im Neuen Testament häufig deren absoluter Mangel an Nahrung erwähnt. Armut bedeutet *Hunger* (und Durst) leiden zu müssen. Dieser

Zusammenhang wurde schon Lk 3,11 angesprochen. Er begegnet aber auch in Mt 25,35 f; 6,25 und Jak 2,15 f. Die Seligpreisung der Armen in Lk 6,20 f kennzeichnet die Lage der Armen durch Hunger und Traurigsein. Die Armen wissen heute nicht, ob sie morgen zu essen und zu trinken haben; sie vegetieren am Rande des Hungertodes (Mt 6,25 ff). Jakobus (2,15 f) bringt ihre Situation auf den Begriff, wenn dort von ihnen gesagt wird, daß sie nackt sind und ohne tägliche Nahrung, daß ihnen fehlt, was man für Leib und Leben notwendig braucht (ta epitēdeia tou sōmatos).

6 *Die Armen sind bettelarm*

Die Armut des ptōchos im Neuen Testament ist *Bettelarmut.* Diese Menschen waren darauf angewiesen, daß ihnen noch das Notwendigste zum Überleben als Almosen (eleēmosynē) gegeben wird. Auch hierfür besitzen wir anschauliche Beispiele: neben den schon erwähnten Bettlern Bartimäus und Lazarus, jenen Lahmen im Tempel von Jerusalem, der von dem Apostel Petrus im Namen Jesu geheilt wird (Apg 3,1 ff). Das Almosen konnte in der Form von Nahrung und Kleidung, aber auch als Geld erbeten und gewährt werden (vgl. nur Mk 14,7; Mt 25,35 f; Lk 16,20; Apg 3,1 ff).
Das Bild von der Armut, das wir aus dem Neuen Testament erschließen können, ist damit grundsätzlich beschrieben: Die Armen sind bettelarm, sie vegetieren am Rande der Überlebensgrenze, sie sind häufig identisch mit Schwerkranken und Behinderten, nur notdürftig bekleidet und auf fremde Hilfe angewiesen. Unsere umfassende Unterrichtung durch die synoptischen Evangelien über die Lage der Bettelarmen in der Antike – wie sonst durch kein anderes Dokument dieser Zeit –, hängt allerdings nicht nur damit zusammen, daß diese Gruppe der Elenden einen beträcht-

lichen Anteil an den damaligen Gesellschaften ausmachte. Vielmehr zeigt sich darin auch ein besonderes *Interesse* an den Armen, das wir in anderen zeitgenössischen Texten (außerhalb des Judentums) vergeblich suchen. Die besondere Bedeutung der Armen für das Evangelium von Jesus Christus muß aus den sozio-ökonomischen und religiösen (jüdischen) Ursprüngen der christlichen Bewegung verstanden werden. Dies wird in besonderer Weise an dem historischen Anfang dieser Bewegung im palästinischen Judentum (genauer: in Galiläa) deutlich – behält dann aber auch seinen Stellenwert für das Selbstverständnis der späteren christlichen Gemeinden außerhalb von Palästina. Um es in einer These provokant auszudrücken: Die Jesus-Bewegung konnte in dieser Form – als religiöse Armenbewegung – nur aus dem palästinischen Judentum zu Beginn der Zeitrechnung hervorgehen.
Ich kann hier nicht näher auf die ökonomisch-politischen Gründe der Verelendung breiter Schichten in Palästina zu Beginn der Zeitrechnung eingehen[3a]. Eine enorme Rolle spielten nach meiner Ansicht vor allem folgende Faktoren:

1. Die durch Pompeius eingeleitete drastische Reorganisation Palästinas (63 v. Chr.) kostet den jüdischen Staat die Küstenstädte und die Dekapolis. Dadurch wird der Handel stark eingeschränkt und eine beträchtliche Zahl landloser Bauern geschaffen (dazu Schalit, Applebaum).
2. Die Enteignung riesiger Ländereien durch Herodes d. Großen, die später an kapitalkräftige Eigentümer verkauft werden (Josephus, Antiquitates XVII, 307.355; XVIII,2), sorgt für eine ungeheure Besitzkonzentration (dazu Theissen), die andererseits viele abhängige Pachtbauern (dazu Kippenberg) produziert.
3. Von erheblicher Bedeutung ist die erdrückende Steuerlast (sei es durch die herodianische Dynastie, sei es durch

die Römer selbst), die vor allem auch den Widerstand der verarmenden Bauern und Pächter gegen die römische Fremdherrschaft und ihre einheimischen Kollaborateure motiviert (s. dazu Kreissig, Theissen, Kippenberg, Hengel u. a.).

4. Mißernten brachten die kleinen Bauern, Pächter und die von ihnen abhängigen Handwerker in den ländlichen Gebieten an den Rand des Ruins (ökologische Krisen: Theissen, J. Jeremias).

Grundsätzlich sind die Ursachen der Verarmung breiter Schichten in Palästina kaum von denen außerhalb Palästinas unterschieden. Johannes Chrysostomus (344-407 n. Chr.) schildert in seinem Matthäuskommentar (61,3) die Lage dieser Menschen wohl nicht nur für seine Zeit, sondern auch für einige Jahrhunderte vorher, recht plastisch:[4]

»Könnte es aber noch ungerechtere Menschen geben (als die Besitzer von Grund und Boden, welche von der Erde kehren Reichtum ziehen)? Wenn man nämlich untersucht, wie sie mit den armen und elenden Landleuten verfahren, kommt man zu der Überzeugung, daß sie unmenschlicher sind als Barbaren. Den Leuten, die ihr Leben lang hungern und sich quälen müssen, legen sie fortwährend unerschwingliche Abgaben auf, bürden auf ihre Schultern mühsame Dienstleistungen und gebrauchen sie wie Esel und Maultiere, ja wie Steine, gestatten ihnen auch nicht die mindeste Erholung, und gleichviel, ob die Erde Erträgnis abwirft oder nicht, man saugt sie aus und kennt keine Nachsicht ihnen gegenüber. Gibt es etwas Erbarmenswerteres als diese Leute, wenn sie sich den ganzen Winter über abgeplagt haben, von Kälte, Regenwetter und Nachtwachen aufgerieben sind und nun mit leeren Händen dastehen, ja obendrein noch in Schulden stecken, wenn sie dann, mehr als vor Hunger und Mißerfolg, vor den Quälereien der Verwalter zittern und beben, vor den Vorladungen, dem Einsperren, der Rechenschaft, dem Eintreiben des Pachtes, vor den unerbittlichen Forderungen? Wer ist imstande, alle die Geschäfte herzuzählen, die man mit ihnen macht, all den Vorteil, den man aus ihnen zieht? Von ihren Arbeiten, von ihrem Schweiße füllt man Speicher und Keller, ohne sie auch nur ein Weniges mit heim nehmen zu lassen; man heimst vielmehr die ganze Ernte in die eigenen Truhen und wirft jenen ein Spottgeld als Lohn dafür hin. Ja man ersinnt sogar neue Arten von Zinsen, wie sie nicht einmal die heidnischen Gesetze kennen, und schreibt Schuldbriefe, die von Fluchwürdigkeit strotzen. Nicht bloß den hundertsten Teil, sondern die Hälfte fordern sie (nicht ein, sondern fünfzig Prozent), und zwar von Leuten, die Weib und Kind zu ernähren haben, die doch auch Menschen sind und die ihnen mit ihrer Hände Arbeit Speicher und Keller füllen. Aber an all das denken sie nicht. Es ist daher wohl am Platze, daß der Prophet auftritt und spricht: ›Staune, Himmel, schaudere, Erde!‹ Bis zu welchem Grade der Vertiertheit ist doch das Menschengeschlecht herabgesunken!«

II Das Evangelium für die Armen

0 Theologische Auseinandersetzung mit der Armut im Neuen Testament

Im Neuen Testament sind grundsätzlich zwei Möglichkeiten der theologischen Auseinandersetzung mit der Armut erkennbar:

a) das Evangelium ist Grund und Ausdruck der Hoffnung, des Selbstbewußtseins und der Solidarität der Armen selbst;
b) das Evangelium ist Grund und Ausdruck des Problembewußtseins für die Situation der Armen und der Solidarität mit ihnen.

Beide Möglichkeiten setzen eine unterschiedliche soziale Situation der »Trägergruppen« voraus, die auch zeitlich, geographisch und hinsichtlich ihrer historischen Bezeugung im Neuen Testament literarisch abgrenzbar sind. Die Träger des unter a) genannten Evangeliums der Armen sind selbst ptōchoi, nämlich die Nachfolger Jesu der ersten und zweiten Generation in Palästina. Wir wissen von ihnen aus der in den synoptischen Evangelien erhaltenen »ältesten« Tradition über Jesus von Nazareth und der sogenannten »Logienquelle« (gemeinsames Überlieferungsgut von Matthäus und Lukas neben dem Markus). Zeitlich sind diese Nachfolger Jesu etwa im zweiten Drittel des 1. Jh. anzusetzen (noch vor dem jüd.-röm. Krieg). Die Träger des unter b) genannten Evangeliums sind christliche Gruppen außerhalb von Palästina, die keine ptōchoi, sondern in der großen Mehrzahl penētes waren (neben wenigen Wohlhabenden). Ansatzweise ist dieses Evangelium schon in den paulinischen

Briefen erkennbar, vor allem dann aber aus dem Matthäus-Evangelium und dem Lukas-Evangelium zu erheben (vgl. auch den Jakobusbrief). Zeitlich sind diese Gruppen ca. zwischen 50 und 100 nach Christus anzusetzen.

1 Armut und Nachfolge Jesu in Palästina

1.1 Die messianische Bewegung der Armen

Die mit dem Namen Jesu verbundene innerjüdische Bewegung in Palästina war eine Bewegung von Armen für Arme. Ihre Symbolfiguren sind neben dem Sohn eines Zimmermanns aus Nazareth (Mk 6,3) galiläische Fischer (Mk 1,16 ff), ein kleiner Zollbediensteter (Mk 2,13 ff), ein Zelot (Mk 3,18). Auch Frauen haben von Anfang an dazu gehört (Mk 15,40 f).

Häufig wird der Umstand, daß Jesus als Sohn eines Zimmermanns wohl selbst Zimmermann gewesen ist, dafür in Anspruch genommen, ihn selbst nicht zu den Armen zu zählen. Seine Entscheidung für sie sei »ethisch« und »parteilich« motiviert. Einer der wichtigsten Belege dafür ist die nicht zu leugnende Tatsache, daß der Beruf des Zimmermanns nicht verachtet war. Nun sagt dies aber noch nichts über die soziale Lage eines Zimmermanns aus. H. Kreissig (aaO., 119) bemerkt darum zurecht:

> »Jesus ist also Handwerker, keiner von den sehr bevorzugten, aber auch keiner von den verachteten. Doch ist zu bemerken, daß Nazareth . . . ein unbedeutender galiläischer Flecken gewesen sein muß . . . Entsprechend ist auch die soziale Lage eines Zimmermanns in einem solchen Ort einzuschätzen.«

Und wird man die Prosperität eines Handwerks schon grundsätzlich danach zu beurteilen haben, in welchem Maße es beansprucht wird oder aufgrund der materiellen Lage seiner Nutznießer beansprucht werden kann, so gilt dies um so mehr dann, wenn wir mit H. G. Kippenberg (aaO., 148) davon ausgehen, daß die Arbeitsleistung eines Handwerkers in dörflichen Regionen Palästinas durch einen Anteil am Erntehaufen abgegolten wurde. Damit bestimmte die soziale Lage eines Dorf-Clans auch die der handwerklich Tätigen in ihm. Überhaupt ist nach allem, was wir über die soziale Lage der Landbevölkerung Palästinas dieser Zeit wissen, hier eher an bittere Armut als an gutes Auskommen zu denken.

Die Berufsbezeichnung tektōn kann sowohl einen Holzhandwerker im Baugewerbe (Zimmermann) meinen, als auch die Bezeichnung für einen »Tischler« sein. In beiden Fällen ist – wenn man nicht die obige Clan-Situation noch für diese Zeit annehmen will – damit zu rechnen, daß es sich um einen *unselbständigen Arbeiter* im *Tagelohn* handelt[5].

Jesus und seine ersten Anhänger sind wohl keine professionellen Bettler gewesen, doch teilten sie die Notsituation vieler ihrer Landsleute – besonders in Galiläa –, existierten am Rande absoluter Armut. Diese Not der Jesusleute kommt etwa in dem Sabbatkonflikt Mk 2,23-28 zum Ausdruck (s. auch die Anmerkung Nr. 6) und steht wohl auch hinter der Verfluchung des Feigenbaums Mk 11,12-14. Der Hunger Jesu und seiner Jünger ist nicht zufällig – etwa weil sie vergessen hatten, für den Sabbat einzukaufen oder Jesus in Bethanien zu frühstücken versäumt hatte. Es ist der Hunger und die Not der Armen. Man beachte auch das Hegesipp-Zitat bei Euseb (Hist. Eccl. III,15 f), das von den armen Verwandten Jesu spricht:

»Noch leben aus der Verwandtschaft des Herrn die Enkel des Judas, der ein leiblicher Bruder des Herrn gewesen sein soll. Diese wurden als Nachkommen Davids gerichtlich angezeigt. Ein Evokatus führte sie vor Kaiser Domitian. Denn gleich Herodes fürchtete sich dieser vor der Ankunft Christi. Domitian fragte jene, ob sie von David abstammen. Sie bestätigten es ... Hierauf zeigten sie ihm ihre Hände und bewiesen durch die Härte ihres Körpers und durch die Schwielen, welche sich infolge ihrer angestrengten Arbeit an ihren Händen gebildet hatten, daß sie Handarbeiter waren ... verurteilte sie Domitian nicht, sondern verachtete sie als gemeine Leute.«

Übrigens hielt schon Johannes Chrysostomus Jesus und seine Jünger für »unbekannte Leute aus armen Familien« (In Matthaeum 66,2). Die Jesus-Bewegung hat zunächst lokal begrenzt in ihrer unmittelbaren Heimat an den Ufern des galiläischen Sees operiert. Ihre Adressaten waren weithin identisch mit ihren Sympathisanten: Die Volksmassen, für die etwa die Gemeinschaft der Jesusleute mit Zöllnern und Sündern nicht anstößig war. Ihre Auseinandersetzungen mit anderen jüdischen Erneuerungsbewegungen (vor allem der pharisäischen) kreisten nicht um die Geltung der Tora überhaupt, sondern um das Gebot der Stunde. Besonders deutlich wird dies an den aus der Sicht der Jesus-Bewegung erzählten Sabbatkonflikten (etwa Mk 2,23 ff): Die Not der Armen wurde in der Jesus-Bewegung zum Auslegungsprinzip der Tora Gottes als gnädiger Weisung zum Leben[6]. Doch bedurfte es dazu mehr als der normativen Kraft des Faktischen, nämlich des messianischen Selbstbewußtseins der Armen, die sich als Subjekt des Heilswillens Gottes entdeckten. Der Zug der Jesusleute nach Jerusalem war darum nicht der Marsch von sich selbst überschätzenden militanten Umstürzlern ins Zentrum der Macht. In Jerusalem erwarteten sie vielmehr die Epiphanie des Gottes Israels in seiner Stadt. In dessen Namen hielt ihr prophetischer Protagonist als Anwärter für den Thron Davids unter messianischer Hochstimmung Einzug in Jerusalem (Mk 11,7 ff). Darin vergleichbar z. B. dem Marsch armer Juden aus der Kyrenaika in die Wüste, die dort unter Führung des Webers Jonathan Zeichen und Wunder erwarteten[7]. Und noch das Ende Jesu weist auf diesen hohen Anspruch der Bewegung – selbst wenn sie ihn nicht militant durchzusetzen versuchte. Darauf kam es aus der Perspektive der Römer auch gar nicht an – wie ebenfalls das Gemetzel unter den unbewaffneten Jonathan-Anhängern belegt. Die Kreuzigung Jesu als »König der Juden« war weder ein

»Justizirrtum«, noch Zynismus der Mächtigen. Die Angst vor der Destabilisierung der Ausbeuterkoalition von inländischen Reichen und Kolonialherren verlangte nach Ruhe im Lande[8].

1.2 Die Hoffnungen der Armen

War Johannes der Täufer mit Herodes, so war Jesus von Nazareth mit den römischen Garanten von dessen Dynastie in einen tödlichen Konflikt geraten. Beider Sympathie bei den Volksmassen hing damit zusammen, daß der von ihnen erwartete Herrschaftswechsel aus der Perspektive der kleinen Leute erhofft wurde. Das Schwergewicht lag nicht auf einer im engeren Sinn nationalen Befreiungserwartung, bei der nur die Herren wechseln, das Los der Knechte aber gleich bleibt. Der Messianismus der Jesus-Bewegung war vor allem an einem radikalen sozialen Wandel in Israel interessiert:
»Mächtige stürzt er von ihrem Thron, und Niedrige erhebt er, Hungrige sättigt er mit Gütern, und Reiche gehen leer aus« (Lk 1,52 f)[9].
Und noch nach Jesu Kreuzigung blieb dieser sozial-revolutionäre Messianismus am Leben und dessen Symbolgestalt Jesus aus Nazareth in den Herzen seiner Nachfolger gegenwärtig. Aus dem prophetischen Verkündiger wurde der verkündigte Prophet, der in Bälde als göttlicher Richter auf den Wolken des Himmels wiederkommen würde. Eine Kritik, die darin nur die Projektion unerfüllter Diesseitserfahrungen ins himmlische oder phantastische Jenseits erkennt, ist noch nicht kritisch genug. Sie trennt die Hoffnung der Armen von ihrem Interesse, denn für die Armen Palästinas kam es zunächst einmal darauf an, das Hoffen zu lernen. Wie jener blinde Bettler Bartimäus (Mk 10,46 ff), der zu schreien begann als er hörte: »Jesus von Nazareth ist hier«. Aus seiner Perspektive wird von ihm für die erzählt, die seine Elendserfahrungen und nun auch

seine Hoffnung teilten. Bartimäus – der Hoffende – steht im Mittelpunkt dieser Erzählung. Seine Hoffnung ist konkret: Indem sie auf Jesus als Davidsohn gerichtet ist, ist sie auch am eigenen Schicksal und dessen Wende interessiert: Er will, daß er wieder sehen kann – und *sein* Glaube hat ihm schließlich dazu verholfen. Die Geschichte erzählt kein isoliertes medizinisches Wunder, berichtet nicht von den thaumaturgischen Fähigkeiten Jesu (wie Mk 8,22 ff), sondern sie berichtet die *wunderbare Wandlung des Schicksals* eines bettelnden Blinden. In diesem Sinne ist sie Ausdruck der Hoffnung armer Juden in Palästina wie diese Hoffnung selbst. Denn in der Heilung des Blinden war für die, die sich von ihr erzählten, der Beginn der erwarteten Königsherrschaft Gottes schon sichtbar: »Blinde sehen, Lahme gehen, . . . Armen wird das Evangelium verkündigt« (Mt 11,5 par.). Hier handelt es sich nicht um (aus der hebräischen Bibel) herbeizitierte Wunschvorstellungen, sondern mit Hilfe der religiösen Tradition deuteten die Armen ihre Erfahrungen, dachten sie nach vorne (nicht nach oben) hin weiter. Zu diesen Erfahrungen gehörte auch die Solidarität untereinander, in der der gemeinsame Mangel den letzten Bissen teilen ließ (Lk 3,11), insofern das Wunder der Vermehrung von wenig Brot zustande gebracht wurde, von dem nun viele satt wurden (Mk 6,34 ff). Diese Solidarität untereinander und mit den Verachteten weckte zusammen mit den erfahrenen Heilungen der Elendesten große Erwartungen. Sie richteten sich auf die unmittelbar bevorstehende »Königsherrschaft Gottes« (basileia tou theou), in der die jetzt Hungernden satt und lachen werden (Lk 6,20 f), ein Ausgleich für das Elend der Armen statthaben wird: Dann werden die Letzten die Ersten sein (Mt 20,16).

1.3 Das Selbstbewußtsein der Armen

In vielerlei Hinsicht muß das Bild der ältesten Jesus-Bewegung dunkel bleiben. Greifbarer wird deren Nachfolgeorganisation in Israel, deren Glauben und Leben aus der sogenannten »Logienquelle« rekonstruierbar sind. Stärker noch als die um ihre Hoffnung ringende älteste Jesus-Bewegung waren die Überzeugungen dieser prophetischen Charismatiker von einer »Krisenstimmung« geprägt, die sowohl aus ihren eigenen Feindschaftserfahrungen, wie aus der sich krisenhaft zuspitzenden Lage der jüdischen Gesellschaft im zweiten Drittel des 1. Jh. resultierte. Gegen die resignativ machende und lähmende Gegenwart, in der Hunger und Gewalt die Alltagserfahrungen der kleinen Leute bestimmten, hielten sie an der Hoffnung auf die machtvolle Güte Gottes fest, geißelten den »Mammonsdienst« der Reichen, die damit einem anderen Herrn dienten als dem Vater im Himmel. Konsequent dachten und lebten sie aus dem Vertrauen auf den einen Herrn, Israels Gott, vor dessen Macht auch der Hunger und die Todesangst nichts mehr galten. So wenig ihr kompromißloses Verhältnis zu den Reichen von Neid bestimmt war, so wenig war auch ihre intensive Gerichtserwartung der ins Religiöse gewendete Ausdruck rachevoller Vergeltungsphantasien. Sie lebten wie »Schafe unter Wölfen«, doch sie hörten nicht auf, ganz Israel zur »Umkehr« zu bewegen.

Ihr hoher religiöser Anspruch, der sich besonders in der Gerichtspredigt an Israel ausdrückt, entsprach dem *Selbstbewußtsein* dieser Armen. Sie brachten als Herolde der bevorstehenden Königsherrschaft Gottes die mit ihrer Existenz beglaubigte Friedensbotschaft in den Hütten Palästinas zu Gehör. Ihre Adressaten waren wie in der ältesten Jesus-Bewegung in erster Linie die verarmten Volksmassen. Konnten sie ihnen auch kein Brot bringen, so doch die Devise, daß der Mensch nicht vom Brot allein lebt, daß die Sorge um die tägliche Nahrung nicht (so wenig wie der »Mammonsdienst«) zur alles bestimmenden Wirklichkeit werden darf (Mt 6,25 ff par.). Auch diese Botschaft wurde durch die Existenz der Wanderpropheten im Namen Jesu beglaubigt. Sie verzichteten noch auf die »Vorsorge«, die selbst ein Bettler zu treffen versucht: Barfuß, ohne Proviantsack und Stab (zum Schutz gegen wilde Tiere) lebten sie im absoluten Vertrauen auf Israels Gott, *ihren* himmlischen Vater. Den Armen gaben sie die Menschenwürde zurück, die Hunger und Not ihnen geraubt hatten.

1.4 Die Bedeutung Jesu für die Armen

Das hier gezeichnete Bild der Jesusnachfolge in Palästina verzichtet zunächst bewußt darauf, diese Armenbewegung sozusagen »christozentrisch« (d. h. unter Konzentration auf die besondere Bedeutung Jesu) zu verstehen. Damit soll freilich nicht die Sonderstellung Jesu geleugnet werden. Er war zweifellos der prophetische und messianische Initiator dieser Bewegung und wurde von seinen Anhängern als endzeitlicher König über Israel verstanden. Als solcher wird er »Sohn Davids« und »Sohn Gottes« genannt. In diesen Zusammenhang fügt sich auch seine Bezeichnung als »Messias-Christus«. Betonen diese »Titel« seine von dem Gott Israels legitimierte Aufgabe in der Königsherrschaft Gottes über Israel, so obliegt ihm als dem »Menschensohn« stärker die Gerichtsfunktion in dem apokalyptischen Drama, das die Propheten der »Logienquelle« angesagt haben – und das dann im jüdisch-römischen Krieg grausam-profan von den Heeren der römischen Unterdrücker vollzogen wurde. Jesus von Nazareth hat durch seine Predigt und heilende Praxis den auf ihn gerichteten Hoffnungen Grund und Anhalt gegeben, war also nicht nur das »Symbol« entsprechender Projektionen seiner Anhänger. Er war für sie der prophetische Messias, mit dem die Hoffnungen der Armen bald Wirklichkeit werden sollten, in seiner Person war der Anspruch auf die von den Jesusleuten erwartete Gottesherrschaft lebendig da: Das messianische Reich der Armen.
Historisch ließe sich hier noch vieles sagen, doch nicht mehr.

Denn der Historiker hat nicht über die »ewige« Wahrheit dieses Anspruches – auch nicht über dessen gegenwärtige Bedeutung – zu entscheiden, er muß von den Hoffnungen, den Überzeugungen und dem Glauben der damaligen Anhänger Jesu ausgehen. Dabei stellt er nun aber fest, daß der »messianische« Anspruch Jesu und seiner Nachfolger vor allem *sozial* orientiert war, sich auf die Beendigung des Elends der Armen, auf die Umkehrung der gegenwärtigen sozialen Geschicke richtete. Er sieht also hier die Hoffnung armer Juden am Werke – und er sieht, daß sie genau diese Hoffnung durch Predigt und Praxis Jesu gelernt haben.
Daran hat sich auch nach dem Tode Jesu grundsätzlich nichts geändert. Auch für die Wanderpropheten der »Logienquelle« war die Beziehung ihrer Botschaft an Israel auf Jesus von Nazareth konstitutiv. Für sie war er nun auch der, der da kommen wird (Lk 13,34 f par.), der kommende »Menschensohn« (Lk 11,29-32 par.). Doch ihre auf den Gerichtstag des Menschensohnes gerichteten Erwartungen dachten nicht an einen St. Nimmerleinstag und zielten nicht auf ein überirdisches Reich. Vielmehr rechneten sie mit der *historischen* Ankunft des »Menschensohnes«, hofften auf die Gottesherrschaft auf Erden. Dafür haben sie sich eingesetzt – manchmal unter Lebensgefahr – mit ihrer gesamten Existenz, und sich eben nicht hingesetzt und etwa auf einen Ausgleich ihres elenden Geschickes hier nach dem Tode gesonnen, gar ihre Leidensgenossen in Israel darauf vertröstet. Sie haben auch nicht auf die Ankunft einer »mythologischen« Gestalt gewartet, sondern sie wußten schon, wer dieser »Menschensohn« ist: Jesus von Nazareth, der wie alle Propheten in Jerusalem umkommen mußte. Für diese Hoffnung sahen sie Grund und Anhalt an der Predigt, der Praxis und dem Geschick Jesu von Nazareth. Insofern war er in ihren Erzählungen von ihm und ihren Hoffnungen auf ihn weiterhin gegenwärtig – nicht in einem lebensfernen Bekenntnis, sondern in lebensnaher Überzeugung und ihrem überzeugenden Leben.

2 *Armut und Jesusnachfolge im römischen Reich*

2.1 Ein neuer Forschungskonsens mit Tendenz nach oben

In der Einschätzung der sozialen Schichtzugehörigkeit der ersten Christen außerhalb Palästinas scheint sich ein neuer Konsens herauszubilden. Danach ist die soziale Zusammensetzung der christlichen Gruppen durchaus ein mixtum compositum aus fast allen sozialen Schichten der damaligen städtischen Gesellschaften, doch mit einer Tendenz nach *oben.* Für Korinth denkt etwa W. Wuellner daran, daß dessen christliche Einwohner »im Ganzen gesehen wohl aus ziemlich wohlhabenden Bürgerkreisen kamen, mit einem nicht geringen Anteil sowohl von Angehörigen der Oberklassen wie der sehr Armen«. Für ihn ist 1 Kor 1,26 (»nicht viele Weise . . ., nicht viele Mächtige, nicht viele Adelige“) nicht mehr als Beweis »angeblicher proletarischer Ursprünge des Christentums zu verwenden.«[10] Der Althistoriker E. A. Judge glaubt zwar nicht daran, daß Paulus mit dem zitierten Vers eine »tatsächliche Feststellung« trifft, er hält diese Wendung vielmehr (m. E. zu Recht) für rhetorisch. Doch er scheint auch 1 Kor 1,27 f (»das Törichte . . . Schwache . . . Niedriggeborene hat Gott erwählt«) für rhetorisch zu halten, denn nach seiner Meinung waren die korinthischen Christen weder in der eigenen, noch in der Sicht ihrer Zeitgenossen »ein Haufen von Ignoranten und Nullen«. Er kommt denn auch zu dem Urteil – nicht nur für Korinth –, daß die damaligen Christen aus keiner »sozial unterdrückten Schicht« kamen, sondern »das vorherrschende Element stammte aus der selbstbewußten sozialen Oberschicht der Großstädte«. Was an Unterschichtangehörigen zu den Gemeinden gehörte, soll sich vornehmlich aus der Hausgenossenschaft (Sklaven und Klientel) dieser urbanen Oberschicht rekrutiert haben[11]. Zu Recht weist er aber darauf hin, daß diese Abhängigen und Sklaven keineswegs die am tiefsten stehende Gesellschaftsklasse waren. Dieser – nämlich der Landbevölkerung aus Pachtbauern, landarbeitenden Sklaven, Tagelöhnern – hatten noch die Sklaven als Mitglieder eines städtischen »Haushalts« (oikos) ein gewisses Maß an sozialer Sicherheit voraus. Die Landbevölkerung hat das Christentum zu dieser Zeit kaum berührt[12]. Ähnlich, doch in vieler Hinsicht differenzierter, urteilt auch G. Theißen[13]. H. Kreissig denkt sozusagen an den gutsituierten urbanen »Mittelstand« (Handwerker und Händler) als tragendes Element der christlichen Gruppen, weniger ans »Proletariat«, und rechnet mit einem beträchtlichen Anteil der oberen Schichten[14].

2.2 Die frühen Christen im röm. Reich sind kleine Leute (penētes)

Zweifellos wird man hinsichtlich der sozialen Zusammensetzung der frühen christlichen Gemeinden noch einmal genauer zusehen und hier und dort ein wenig tiefer graben müssen. Meine vorläufige *These* ist, daß die frühen christlichen Gemeinden überwiegend und beherrschend aus kleinen Leuten (penētes) bestanden haben, daß zu ihnen weder Bettelarme (ptōchoi) noch aber – mit Ausnahme der lukanischen Christenheit – Reiche (plousioi) gehört haben. Und auch wiederum nur für Lukas kommen vornehme (euschēmōn) und *vielleicht* adelige (eugenēs) Christen in Betracht. Dies soll kurz jetzt begründet werden.

2.3 Es gibt unter ihnen keine Bettelarmen (ptōchoi)

Weder in den paulinischen Gemeinden, noch in den christlichen Gemeinschaften, die hinter den synoptischen Evangelien zu suchen sind, auch nicht bei den Adressaten des Jakobusbriefes ist mit Bettelarmen als christlichen Zeitgenossen zu rechnen. Paulus kennt als solche ptōchoi nur einige unter den »Heiligen« in Jerusalem, für die in seinen Gemeinden eine Kollekte organisiert wird (Röm 15,25 ff; 1 Kor 16,1 ff; 2 Kor 8,1 ff; 9,1 ff; Gal 2,10). Wenn er in 2 Kor 8,2 von der »abgrundtiefen Armut« der Gemeinden in Mazedonien spricht, so wird man nicht daraus schließen dürfen, daß diese Gemeinden aus Bettlern bestanden; immerhin haben diese Gemeinden sich an der Kollekte für die Jerusalemer beteiligt. Zweifellos wird man aber die Wendung des Paulus nicht einfach nur als rhetorischen Überschwang verstehen können, sondern realistisch eine große Armut annehmen müssen, die allerdings keine Bettelarmut gewesen ist.

Auch die im Jakobusbrief angesprochenen Christen sind nicht bettelarm. Der 2,2 erwähnte ptōchos, der in die Gemeindeversammlung (synagōgē) kommen könnte (vielleicht wird auch auf einen wirklichen Vorfall angespielt), ist ein Außenstehender[15]. Wären die Jakobuschristen selbst bettelarm, so hielte ihnen der Briefschreiber auch kaum vor, daß sie Bettler verächtlich behandelt haben (2,6). Ebenso müßte in diesem Zusammenhang nicht daran erinnert werden, daß Gott die »Armen vor der Welt« erwählt hat. Aber wird nicht von Jakobus in 2,15 f präzise ausgedrückt, daß er *christliche* Arme im Blick hat (er spricht dort von Bruder bzw. Schwester)? Doch von 2,2.5 f her ist nicht zu erwarten, daß die in 2,15 f erwähnten christlichen Armen (um ptōchoi muß es sich auf Grund der Charakterisierung dieser Personen handeln) in der Realität der Jakobuschristen vorkommen. Jakobus argumentiert hier mit einem *hypothetischen* Fall: Wenn ein Bruder oder eine Schwester nackt wären und der täglichen Nahrung ermangelten, dann würdet ihr sie wohl kaum mit frommen Sprüchen statt des zum Leben Notwendigsten abspeisen. Von hierher schließt er dann – durch dieses hypothetische Exemplum der Zustimmung der Adressaten gewiß – auf die Unmöglichkeit eines Glaubens, der keine Werke hat[16].

Auch in den Gemeinschaften von Christen, die die Verfasser der synoptischen Evangelien im Blick haben, gab es keine Bettelarmen. Im Lukasevangelium wird z. B. die Seligpreisung der ptōchoi ausdrücklich auf die nach Darstellung des Lukas *freiwillig* zu Bettelarmen gewordenen *Jünger* Jesu bezogen (6,20 f). Überhaupt sind bei Lukas die ptōchoi Empfänger christlicher Wohltätigkeit, aber – wie aus 14,13.21-23 hervorgeht – keine Christen[17]. Ähnliches gilt für Markus und Matthäus. Die Armen, die die Jünger allezeit bei sich haben werden (Mk 14,7 vgl. Mt 26,3), gehören nicht zu den Jüngern (als Repräsentanten der jeweiligen Christenheit), sondern sind von ihnen unterschieden und als Empfänger von Almosen der Jünger im Blick. Für Matthäus gilt auch, daß er die Seligpreisung der Armen (der Hungernden und Dürstenden) nicht mehr auf die damit verbundene reale Lebenslage von Bettlern bezieht (Mt 5,3.6).

2.4 Es gibt auch keine Reichen (plousioi) – außer bei Lukas

Andererseits sind nun aber auch – außer für Lukas – keine Reichen als Mitglieder in christlichen Gemeinden außerhalb Palästinas vorauszusetzen. Sehr deutlich kommt die Distanz der Christen zu den Reichen im Jakobusbrief zur Sprache: Sind es nicht die Reichen, die euch vergewaltigen (katadynasteuein)[18], und die euch vor die Gerichte schleppen (2,6)? Die Reichen lästern auch den guten Namen (Christi), der über den Christen genannt ist (2,7). Ebenso sind die in Jak 5,1 ff angeredeten Reichen keine Christen (wie aus 2,7 zu schließen ist, bzw. aus dem Umstand, daß in 1,9 f der Reiche nicht Bruder genannt wird). Wenn in 4,13 ff an Christen zu denken ist (wegen V.15), so sind diese jedoch keine Reichen. Sie werden ausdrücklich von den Reichen (5,1 ff) unterschieden (vgl. den jeweils gleichen Versanfang 4,13 und 5,1). Offenkundig sind kleine Kaufleute gemeint, die selbst in der Hafenstadt Alexandria – einer der Metropolen

der damaligen Welt – sich nicht von den kleineren Handwerkern unterschieden haben[19].
Wie aber steht es nun mit 1 Kor 1,26 ff? Paulus weist dort die Korinther auf ihre eigene soziale Situation hin:

»Sehet eure Berufung an, Brüder; da sind nicht viele Weise nach dem Fleisch, nicht viele Mächtige, nicht viele Adelige. Sondern das Törichte der Welt hat sich Gott erwählt, damit er die Weisen beschäme, und das Schwache der Welt hat sich Gott erwählt, damit er das Starke beschäme. Und das Niedriggeborene der Welt und Verachtete hat sich Gott erwählt, das, was überhaupt nichts ist, damit er das, was etwas ist, zunichte mache.«

Die Logik dieser paulinischen Formulierung wird zumeist darin gesehen, daß es unter den korinthischen Christen zwar nicht viele (ou polloi), aber eben doch *einige* »Weise« (sophoi), »Mächtige« (dynatoi) und »Adelige« (eugeneis) gegeben habe[20]. Doch gerade die Verwendung des Begriffes adelig (eugenēs = lat. nobilis) in diesem Zusammenhang verlangt m. E. ein ironisches Verständnis von 1 Kor 1,26. Er wird hier – anders als Apg 17,11 – nicht im übertragenen (für das edle Verhalten), sondern im ursprünglichen Sinne (für die edle Herkunft von Menschen) gebraucht. In Lk 19,12 bezeichnet der Begriff einen »Fürsten« o. ä., der sich in einem fernen Land die Königsherrschaft erwerben will. Josephus zählt zu den Adeligen z. B. die Hohenpriester[21]. Jener in Röm 16,23 erwähnte Finanzbeamte aus Korinth mit Namen Erastus (griechisch: oikonomos tēs poleōs) wird gern als Beispiel eines christlichen Adeligen in Korinth herangezogen. Doch ist diese Argumentation sehr fraglich. Selbst höchste Etat-Beamte des Kaisers waren keine Adeligen, sondern meist freigelassene Sklaven[22]. G. Theissen, der diesen erwähnten Erastus mit einem inschriftlich bezeugten Aedilen von Korinth gleichen Namens identifiziert, hält ihn nicht für einen Adeligen, sondern er rechnet ihn zu den dynatoi, also zu den wirtschaftlich und sozial mächtigen Bürgern[23]. Selbst diese Klassifizierung des Erastus ist – wie Theissen selbst ausführlich zeigt – nicht sicher. Es kann sich also auch im Falle des Erastus um einen städtischen Sklaven oder Freigelassenen handeln. Letztlich bleibt der Gebrauch des Begriffes adelig (eugenēs) in 1 Kor 1,26 der beste Beweis dafür, daß Paulus hier mit rhetorischer Ironie die Korinther daran erinnert, daß sie allesamt zu den kleinen Leuten gehören, daß von Weisen, Mächtigen und Adeligen (auch nicht von wenigen) unter ihnen keine Rede sein kann. Sollten tatsächlich einige Adelige und Mächtige unter den korinthischen Christen zu finden sein, so wäre die Argumentation des Paulus in diesem Zusammenhang zumindest recht befremdlich. Er stellte eben diese christlichen Brüder bloß, indem er auch sie unter die rechnet, die durch die Erwählung der Törichten und Schwachen und Niedriggeborenen beschämt werden. Auch die in 1 Kor 11,17 ff sichtbaren sozialen Spannungen in Korinth aus Anlaß des »Herrenmahles« deuten nicht auf die Existenz von Reichen in dieser Gemeinde. Sie lassen sich auch ohne Mühe aus einer sozialen Zusammensetzung der Gemeinde aus Freien und Sklaven (vgl. 1 Kor 7,20 ff), aus dem möglichen sozialen Gefälle innerhalb der Gruppe der kleinen Leute (penētes) erklären. Auch Stephanas, dessen gesamtes *Haus* Paulus getauft hat (1,15), muß kein wohlhabender Bürger gewesen sein, wenn er auch aus der Sicht anderer korinthischer Christen besser gestellt gewesen sein kann als sie selbst. Aus der Sicht der Christen in Mazedonien ging es den Korinthern besser als ihnen selbst. Dennoch sind eben auch die Christen in Korinth nicht so »betucht« gewesen, daß sie nicht fürchteten, durch ihre Spenden an die Jerusalemer selbst in wirtschaftliche Not zu geraten (2 Kor 8,13). Zu Recht bezeichnet Paulus darum die Korinther als »das Schwache«, das Gott erwählt hat. Denn im Gegensatz zu den dynatoi, die hier im Sinne von wirtschaftlich und gesellschaftlich »mächtig« verstanden werden und die wir uns durchaus auch als reich vorstellen müssen (vgl. dazu Platon, Laches 186 C; Philo, De Virt. 162), werden damit penētes gemeint (vgl. Plato, Rep. II 364 B). Eine soziale

Abstufung innerhalb der korinthischen Gemeinde ist nur nach unten hin anzunehmen: Sklaven, Tagelöhner, Klienten, Handwerker, kleine Kaufleute.
Auch in den christlichen Gruppen, aus denen uns das Markus- und das Matthäusevangelium überliefert sind, gab es keine Reichen. Die Erzählung vom sogenannten »reichen Jüngling« (Mk 10,17 ff parr.) ist schon bei Markus nicht mehr Gegenstand des in ihr ursprünglich verhandelten Problems der Nachfolge eines Reichen. So mußte sich in der markinischen Christenheit kein Reicher mit dieser Geschichte identifizieren, da es keinen in ihr gab (vgl. dazu auch Mk 4,18 f: bei Reichen hat das *Wort* keine Frucht getragen, also *nicht:* reiche Christen sind ohne Frucht geblieben – etwa ohne »gute Werke«). Entsprechend interessiert Markus das Schicksal des Reichen nur *exemplarisch.* Er, der »ewiges Leben« erwerben will, scheitert an seinem Besitz, kommt nicht (wie alle Reichen) in die Königsherrschaft Gottes. Doch anders steht es mit den Markus-Christen. Ihre – am Schicksal des Reichen hervorgerufene – bange Frage: »Wer kann dann gerettet werden«? wird positiv beantwortet. Bei Gott ist das Menschenunmögliche möglich (10,27). Die weitere Argumentation zeigt, daß es Markus hier *nicht* um die Reichen, sondern um seine christlichen Adressaten geht; denn ihre besondere Lage wird diskutiert. Sie haben alles verlassen, ihre bisherige Großfamilie (Haus- und Wirtschaftsgemeinschaft) um ihrer Zugehörigkeit zur christlichen Gemeinschaft willen aufgegeben und stehen überdies unter dem Eindruck von Verfolgungen. Das Jesuswort bei Markus weist sie darauf hin, daß sie jetzt schon in dieser Zeit – und zwar unter Verfolgungen – ihren sozialen Verlust wieder bekommen (gemeint ist die Gemeinde selbst als familia dei: 3,31-35). Entsprechend dürfen sie auch des »ewigen Lebens« gewiß sein, das der Reiche nicht erwerben wird. Sie, die »Letzten«, werden »Erste« sein (10,28-31)[24]. Markus verharmlost nicht das Problem des Reichtums, er und seine Mitchristen haben es

nicht gehabt. Ihre Probleme resultierten aus der Lage von Christen, die durch ihre Verfolgungserfahrungen unter dem unmittelbaren Eindruck der Wirren des jüdisch-römischen Krieges nach dem Ende (dieses Äons) und ihrer eigenen Rettung fragen[25]. Ebenso ist auch Mt 19,16 ff nicht mehr der Reichtum das Problem. Der Reiche wird bei Matthäus zu einem unernsten Jüngling[26].

2.5 Reiche und Hochgestellte in der lukanischen Christenheit

Einzig unter den lukanischen Christen wird es auch Reiche gegeben haben. Nirgendwo sonst im Neuen Testament wird das Leben der Reichen in solcher Ausführlichkeit erwähnt und kritisiert. Und da das große Interesse des Lukas an der Kritik der Reichen auf deren »Umkehr« (metanoia) zielt (vgl. 16,19 ff; bes. V 30; exemplarisch 19,1 ff – der Oberzöllner Zachäus), wird man um so mehr mit Christen als Adressaten rechnen müssen. Dies belegt schließlich Lk 8,14: Die Hörer, die hier gemeint sind, werden in ihrem *Wandel* durch Sorgen, Reichtum und Lebensgenüsse erstickt und kommen nicht zur endgültigen Reife. Sie wird 8,15 in einem beharrlichen Tun des Guten gesehen[27]. Lukas berichtet auch die Bekehrung von vornehmen und auch wohlhabenden[28] Sympathisanten der jüdischen Gemeinden zur christlichen Gemeinschaft (Apg 13,50; 17,12). Eine wohlhabende Kauffrau ist auch Lydia (Apg 16,14 f). Schon die Jesus-Bewegung in Palästina wurde nach Darstellung des Lukas von Frauen hochgestellter Personen finanziell unterstützt (8,3). Ein *verachteter* Reicher – Zachäus, der Oberzöllner und »Sünder«: 19,1 ff – dient als Vorbild für das Verhalten von Reichen. Als wohlhabend muß man sich auch jene Personen vorstellen, deren Geschäfte ihnen wichtiger sind als die Einladung zum Gastmahl (Gottes) – 14,16 ff. Gerade hier wird deutlich, daß Christen angesprochen werden. Schließlich zählt Lukas – auch wenn er den

Begriff nicht gebraucht – Adelige zu christlichen Bekennern. Dazu könnte etwa der römische Statthalter von Cypern – Sergius Paulus – gehört haben, der zum Glauben gekommen ist (Apg 13,4 ff)[29]; ebenso ein Mitglied des Areopag in Athen, Dionysius (Apg 17,34).

2.6 Fazit der sozialen Schichtung

Sehen wir also einmal von den lukanischen Christen ab, so gehörten zu den frühen Gemeinden außerhalb Palästinas keine Reichen und gesellschaftlich Einflußreichen (keine plousioi / keine dynatoi). Andererseits waren diese Christen aber auch keine Bettelarmen (ptōchoi) – wie in Palästina. Freilich waren sie aus der Sicht der Reichen und Mächtigen arm und machtlos (penēs / asthenēs), von niedriger Herkunft (agenēs). Unter ihnen gab es Sklaven, Freie und Freigelassene (Phlmn, 1 Kor 7,21 ff; Grußliste in Röm 16,3 ff), kleine Handwerker (Paulus, Priska u. Aquila) und Kaufleute (Jak 4,13 ff), zweifellos auch Tagelöhner. Einige von ihnen genossen wohl auch die Vorteile des römischen Bürgerrechtes (civis romanus – Paulus; vgl. auch Plinius, Ep X, 96,4). Einige von ihnen haben – ohne den sozialen Status eines penēs zu überragen – selbst Sklaven gehabt (s. nur Philemon) und einen Haushalt (oikos) mit Bediensteten geführt. Doch wie man an dem römischen Hauptmann Cornelius sieht, bedurfte es dazu keiner hohen und wirtschaftlich mächtigen Position. Er war eine kleine Charge unter den römischen Offizieren (Apg 10)[30]. Gegenüber den bettelarmen jüdischen Anhängern Jesu in Palästina ist darüber hinaus beachtenswert, daß diese Christen *ortsgebunden* in kleinen Gemeinschaften lebten. Zweifellos aber – wie die jüdischen Diasporasynagogen – existierten sie als marginale und gefährdete Minoritäten. Darüber hinaus war ihre Repräsentation *nach außen* schwieriger als die der jüdischen Synagogen, die manchmal sogar als »Landsmannschaft« (politeuma) anerkannt waren. Für die Außenwirkung der christlichen Gemeinschaften wird man die Organisationsform von Hetärien (Vereinen) vermuten dürfen (vgl. etwa Plinius, Ep X, 96,7), unabhängig davon, wie sie ihre Gemeinschaft selbst verstanden haben mögen. Ihre Versammlungen waren öffentlich (1 Kor 14; Jak 2,1 ff), und innerhalb der Gemeinden scheint sich nach und nach eine an der Praxis der Synagogen orientierte gegenseitige Hilfe herausgebildet zu haben. Auf dieses Problem der *innergemeind*lichen Liebestätigkeit kann ich hier nicht eingehen, ebensowenig auf die bedeutsame Rolle von Frauen in den frühen christlichen Gemeinden[31].

3 Das Evangelium der kleinen Leute und die Armen

3.1 Die soziale Zwischenstellung der christlichen penētes

Die *soziale Zwischenstellung* der christlichen penētes zwischen den Reichen und Mächtigen einerseits und den absolut Armen und Machtlosen andererseits spiegelt sehr schön der Jakobusbrief wider. Der Argumentationsgang in 2,1-13 setzt eben diese Lage voraus. Einerseits weist Jakobus seine christlichen Adressaten darauf hin, daß Gott die ptōchoi vor der Welt als Reiche im Glauben erwählt hat; sie aber haben den Armen verächtlich behandelt. Andererseits erinnert er die Christen daran, daß es die Reichen sind, die sie bedrücken und vor die Gerichte schleppen und den Namen, der über ihnen ausgesprochen ist, lästern (2,5 f). Was immer sich dahinter verbirgt, wenn Jak 2,6 feststellt, »ihr aber habt den Armen verächtlich behandelt«[32], jedenfalls geht es ihm grundsätzlich um Parteilichkeit (prosōpolēmpsia: 2,1 vgl. 2,9), die den Reichen und Hochgestellten dem ptōchos vorzieht. Jakobus bezeichnet dieses Verhalten als Sünde (hamartia), die – weil sie *ein* Gebot des Gesetzes (nomos = Tora) übertritt – das ganze Gesetz übertritt, auch wenn alle Gebote sonst eingehalten werden (2,9-11). Er bezieht sich hier wohl auf 3. Mose 19,15: »Ihr sollt nicht unrecht handeln im Gerichte: Du sollst die Person des Geringen nicht ansehen, aber auch den Vornehmen nicht begünstigen.«

Sollte hier wirklich nur der in 2,1-4 geschilderte Fall der vorzüglichen Behandlung eines Reichen oder der verächtlichen Behandlung eines Armen *in der Gemeindeversammlung* im Blick sein? In 2,1 spricht der Verfasser davon, daß man nicht den Glauben an den Herrn Jesus Christus haben und *parteiische Handlungen* (prosōpolēmpsiai-Plural) vornehmen kann. Positiv weist er dann an das »königliche Gesetz« der Nächstenliebe. Dies sollen sie erfüllen, dann tun sie Gutes[33]. Und wenn er schließlich davon spricht, daß der, der kein Erbarmen übt (mē poiēsanti eleos), auch kein Erbarmen im Gericht erfährt, dagegen das Erbarmen (eleos) das Gericht übertrumpft (2,13), dann hat er – wie im Nächstenliebegebot – ein *Tun* im Auge (vgl. auch 3,17, wo von den »guten Früchten« – karpoi agathoi – des Erbarmens gesprochen wird). Der Verfasser des Briefes fordert seine Adressaten also dazu auf, den ptōchoi Gutes zu tun und erinnert sie gleichzeitig daran, ihre reale Lage in Bezug auf die Reichen richtig einzuschätzen. Eure Klientel, so will er sagen, sind nicht die Reichen, sondern die von Gott erwählten Bettelarmen. Das Nächstenliebegebot wäre hier also im Sinne des Erbarmens mit den ganz Armen gedeutet. Daß es *hier* gerade das »königliche Gesetz« (nomos basilikos) genannt wird (2,8), wäre dann um so verständlicher, da die »Königsherrschaft« (basileia), zu der es gehört, die Armen als Erben hat (2,5).

3.2 Ihre kritische Distanz zur politischen Herrschaft

In dieser äußerst kritischen Distanz zu den Reichen (plousioi) steht dem Jakobusbrief das Lukasevangelium in nichts nach. Darauf ist hier nicht näher einzugehen[34]. Verbreiteter ist dagegen ein sehr *kritisches Verhältnis zur hierarchischen Herrschaftsordnung,* wie sie sowohl auf der politischen Ebene, als auch auf der Ebene der »Haushalte« (oikos; oikia) als Wirtschafts- und Sozialeinheiten erfahren wurde[35]. Selbst im Neuen Testament haben wir Beispiele dafür, daß dieses Machtgefälle im Großen (Staat) wie im Kleinen (Haus) miteinander vergleichbar war (Mk 10,41-45 parr.). Am Mißbrauch der Herrschaft auf der politischen Ebene können die Christen in den urbanen Regionen des römischen Reiches die *Antithese* der Rangordnung ihrer eigenen Gemeinschaften formulieren und dabei die Verhältnisse in einem »Haushalt« im Auge haben. Ich gehe hier in aller Kürze auf das Verhältnis dieser christlichen Gemeinschaften zur staatlichen Herrschaft ein, wobei ich die in diesem Zusammenhang bekannten Texte (wie Römer 13) ausklammere. Danach versuche ich, die an der Rangordnung in einem »Haus« orientierte christliche Alternative zu erklären.

Markus (ihm folgt *Matthäus*) kennzeichnet die politische Herrschaft äußerst negativ als gewalttätige Unterwerfung (katakyrieuein) und Amtsmißbrauch (katexousiazein):[36] »Ihr wißt, daß die, die als Regierende der Völker gelten, sie (in Wahrheit) gewalttätig beherrschen, und ihre (hochgebietenden) Amtsinhaber ihre Macht über sie mißbrauchen« (Mk 10,42; Mt 20,25)[37]. Ob hier eine generalisierende Aussage über die Herrscher der einzelnen Völker (was ich für unwahrscheinlich halte) gemeint ist, oder eine spezifische über die, die die gewalttätigen Unterwerfer der meisten damaligen Völker waren (nämlich die Römer[38]), bleibt sich letztlich gleich.

Bei *Lukas* hört man in dem parallelen Vers (22,25) die Herrschaftsideologie – nicht nur der hellenistischen Herrscher, sondern auch der römischen Caesaren – deutlich heraus: »Die Könige der Völker herrschen über sie als Herren (kyrieuousin) und ihre Amtsinhaber lassen sich Wohltäter (euergetai) nennen.« Lukas neutralisiert in der

Wendung kyrieuousin (in der man das Substantiv Kyrios als Herrschertitel mithören muß) keinesfalls die negative Formulierung seiner Markusvorlage, sondern er gibt in ihr (auch) die Selbstdarstellung damaliger Herrschaft korrekt wieder. In Verbindung mit dem ebenfalls zur Herrscherideologie gehörenden Titel euergetēs = Wohltäter ist diese Interpretation wahrscheinlich. Auch hier ist zu fragen, ob Lukas generalisierend redet, oder ob er die Caesarenherrschaft Roms im Blick hat. Jedenfalls ist diese nicht ausgeschlossen, denn die Titel Kyrios (Herr) und Euergetēs (Wohltäter) wurden sowohl den römischen Kaisern, als auch ihren fremden und eigenen Vasallen in der Provinz zugesprochen[39]. Lukas selbst kennt den Kyrios-Titel für den römischen Kaiser (Apg 25,26). Er kann sowohl an den dominus (kyrios) als Sklavenherrn (vgl. Sueton, Augustus 53) erinnern, wie auch gottgleiche Eigenschaft des Kaisers umschreiben (Domitian ließ sich als »dominus et deus noster« verehren). Gerade die Inanspruchnahme dieses Titels für Jesus – aber auch die Begriffe Sōtēr (Heiland = Retter) und Archēgos (Anführer)[40] – deuten auf eine beabsichtigte Konkurrenz zur Herrschaftsideologie Roms hin. Letztlich drückt sich für Lukas in der Herrschaft der Caesaren das Gegenteil zur Herrschaft Gottes aus: nämlich die »Macht der Finsternis« (exousia tou skotous: Lk 22,53; Apg 26,18). Die Herrschaft des römischen Kaisers über die bewohnte Erde (oikoumenē ist bei Lukas das Imperium romanum: Lk 4,5; Apg 11,28 u. ö.) geschieht aufgrund ihrer Übertragung durch Satan (Lk 4,6)[41].

3.3 Die Dienenden als die Höchsten

Alle drei synoptischen Evangelien heben im Anschluß an ihre politische Herrschaftskritik (Mk 10, 42; Mt 20,25; Lk 22, 25) die von ihnen erwartete *alternative Praxis* in der christlichen Gemeinschaft im Erfahrungshorizont eines

»Hauses« vom Herrschaftsmißbrauch ab. In der Rangordnung eines »Haushalts« hat nicht nur der Sklave (doulos) seinem Herrn (kyrios, oikodespotēs) Dienstleistungen zu erbringen (vgl. nur Lk 12,35 ff), sondern auch der Jüngste (neōteros) dem jeweils Älteren (presbyteros), der damit ihm gegenüber der Größere (meizōn) ist (vgl. nur Apg 5,6.10). Die »christliche« Alternative des *Markus* verlangt eine Umkehrung dieser Machtpyramide. Wer in der christlichen Gemeinschaft einen höheren bzw. den höchsten Rang (megas, meizōn, prōtos) einnehmen will oder innehat, der soll aller Diener (pantōn diakonos) oder aller Sklave (pantōn doulos) sein (10,43 f; 9,35). Markus geht es dabei nicht primär um die soziale Niedrigkeit selbst, als vielmehr um die Wahrnehmung niedriger sozialer Dienste durch die Jünger. Exemplarischer Fall dieses »Dienens« ist für Markus die Aufnahme eines unversorgten Kindes (9,36 f; 10,13-16)[42]. Die dienende Aufgabe der Jünger (und offenbar der mit leitenden Funktionen versehenen christlichen Zeitgenossen) deutet Markus »christologisch»: Der Menschensohn ist nicht gekommen, um sich dienen zu lassen, sondern um zu dienen (10,45).

Matthäus denkt in diesem Zusammenhang eher an eine soziale Erniedrigung der Jünger/Christen, denn er stellt ihnen die niedrigste soziale Stufe im gesellschaftlichen Bewußtsein wie ihrer Praxis – die eines Kleinkindes: paidion[43] – als Vorbild hin. Die Jünger sollen wie diese Kinder werden – im Sinne ihrer absoluten Recht- und Machtlosigkeit, ihrer sozialen Nicht-Geltung –, dann nehmen sie in der Königsherrschaft Gottes den höchsten Rang ein (Mt 18,1-5). *Lukas* kommt mit Matthäus darin überein, daß er die soziale Niedrigkeit von Kindern als Beispiel für die in der christlichen Gemeinschaft geltende Umkehrung des üblichen sozialen Achtungsgefälles nimmt (Lk 9, 46-48; bes. V. 48c; 18,15-17: beachte den Anschluß an 18,9-14). Doch interessanterweise vermeidet er (anders als Matthäus und Markus) in diesem Zusammenhang – in bezug auf die

Rangordnung unter den Christen – einen Vergleich mit dem Subalternverhältnis von Sklaven zu ihrem Herrn. Er denkt die christliche Gemeinschaft als ein »Haus« von Brüdern. Der Größte (meizōn) unter ihnen soll wie der Jüngste (neōteros), der Führende (hēgoumenos) wie der Dienende (diakonōn) im Hause sein (22,26). Gerade auch der Begriff hēgoumenos zeigt deutlich die paränetische Absicht des Lukas: Sie zielt auf die »Leitungsorganisation« der Gemeinde (vgl. Apg 15,22). Es ist darum m. E. auch zu erwägen, ob der Begriff presbyteros für die »Ältesten« in der Gemeinde – jedenfalls bei Lukas – aus diesem Kontext der Rangordnung in einem »Haus« verstanden werden muß (vgl. Apg 14,23; 20,17), in dem es nun aber nicht Sklaven und Herren, sondern ältere und jüngere Brüder (bzw. Schwestern und Brüder) gibt. Auch Lukas begründet die dienende Aufgabe der leitenden Christen »christologisch«. Freilich bezieht er sich nicht auf eine grundsätzliche Aussage über den dienenden Menschensohn, sondern verweist parabolisch auf die dienende Funktion Jesu gegenüber den Aposteln anläßlich des letzten gemeinsamen Passahmahles (22,14 ff). Hier hat ja Jesus als der zu Tische Dienende die Apostel – die zu Tische liegen – bedient und die sozial niedrigere Aufgabe ihnen gegenüber wahrgenommen (22,27). Für die christlichen Brüder insgesamt gilt aber, was Lukas am hellenistischen Topos des Gastmahls (als eines exemplarischen Symbols für das Leben überhaupt) ausführt: »Jeder, der sich selbst erhöht, wird erniedrigt werden. Und wer sich selbst erniedrigt, wird erhöht werden« (14,11). Am Beispiel von »Pharisäer und Zöllner« (18,9-14) erklärt er seine Kritik an denen, die sich selbst für gerecht halten und die übrigen verachten (18,9). Ihnen wird im Zöllner der reuige »Sünder« – gemeint sind Menschen wie der Zöllner, die als Kriminelle eingestuft werden, bzw. es auch sind[44] – gegenübergestellt, dem sie es gleichtun sollen. Die »Pharisäer« repräsentieren bei Lukas *Christen,* die auf ihre Mitchristen mit Verachtung blicken[45]. Es ist offenkundig, daß Lukas es schon mit dem Problem der sozialen Geltungsunterschiede in seiner Christenheit zu tun hatte.

3.4 Solidarität mit den Armen

Die Betonung des »Dienens« (diakonein) unter den christlichen Brüdern und Schwestern steht in einem unmittelbaren Zusammenhang mit der Ausbildung einer hochentwikkelten Solidarität untereinander, die A. v. Harnack zurecht davon sprechen läßt, »daß man die christliche Missionspredigt auch als *Predigt der Liebe und Hilfeleistung* bezeichnen kann.«[46] Es ist darum kaum hoch genug zu veranschlagen, daß die solidarische Gemeinschaft dieser Randgruppen in einem Imperium, dessen reale Herrschaftspraxis die schärfste Kritik seiner eigenen Ideologie war, auf die abhängigen und bedrückten Schichten eher anziehend wirken mußte, als auf Reiche und Hochgestellte, die von dieser Herrschaft profitiert haben. Der machtlosen Minoritätssituation der christlichen penētes entspricht auch der Sachverhalt, daß sie kaum erwogen haben, der mißbräuchlichen Herrschaft direkt politisch entgegenzutreten (vielleicht spielt Paulus Röm 13,1 ff auf reale Tendenzen zu zivilem Ungehorsam von Christen an: V. 2.6 f). Das Feld einer alternativen Lebenspraxis waren die Gemeinden selbst. In ihnen entwikkelte sich nach und nach eine *innergemeindliche, innerchristliche* Liebestätigkeit, die in der Fürsorge für Witwen, Waisen, Kranke, Bedürftige, Gefangene und der gastfreundlichen Aufnahme durchreisender Glaubensgenossen auf der Grundlage ihres jüdischen Vorbildes zu einem Kennzeichen dieser Christen wurde. Eben dieses Verhalten rühmen auch die Christen aneinander (vgl. nur den Eingang des 1. Clemensbriefes nach Korinth).

In diesem Abschnitt geht es allerdings um die christliche *Wohltätigkeit* an den *Bettelarmen* (ptōchoi), wie sie im Neuen Testament bezeugt ist. Unter Voraussetzung der hier vorgetragenen These zur sozialen Zusammensetzung der frühesten christlichen Gemeinschaften außerhalb von Palästina kann es sich hierbei *nicht* um innerchristliche Liebestätigkeit handeln. Dies ist mir wichtig, da man zurecht von ihr zunächst ausgeht, wenn man die diakonische Tätigkeit der frühen Christen diskutiert. Das Schwergewicht der innerchristlichen Liebestätigkeit gegenüber der Solidarität mit Nicht-Christen spiegeln auch viele Texte wider[47]. Während der Empfängerkreis der innerchristlichen Hilfe breit gefächert ist (Witwen, Waisen, Kranke, Gefangene, Bedürftige, sogar »Amtsträger« wie Missionare und Lehrer), stehen die ptōchoi im Zentrum der Barmherzigkeit mit *Nicht*-Christen. Die Fürsorge an bedürftigen Nicht-Christen wird schließlich auch in besonderer Weise als Element christlicher Selbstdarstellung gewirkt haben, ohne daß sie darum bewußt eingesetzt worden sein muß[48]. Denn gerade durch diese Hilfe an den Ärmsten der Armen müssen sich die Christen – wie wohl auch die Juden – von ihren heidnischen Zeitgenossen des Okzidents deutlich abgehoben haben. Zwar haben auch Griechen und Römer den Bettelarmen Zuwendungen gemacht, doch gehörte das nicht zur verpflichtenden Moral; es zählte auch nicht zur »Wohltätigkeit« – denn unter deren Empfängern werden die ptōchoi nie erwähnt[49]. Es ist darum für eine Würdigung des barmherzigen Verhaltens der frühen christlichen Gemeinschaften außerhalb von Palästina von entscheidender Bedeutung, daß sie zu ihren moralisch-religiösen Verpflichtungen auch die Hilfe für Bettelarme zählen. Nicht nur, daß sie ihnen »Almosen« gegeben haben, sondern daß sie diese Hilfeleistungen im Zusammenhang ihrer (religiösen) »Moral« begründen konnten und begründet haben, ist ungewöhnlich. Darin kommt natürlich der religiöse Ursprung des christlichen Glaubens aus dem Judentum zum Tragen. Doch muß hier noch genauer differenziert werden, denn jene *spezifische jüdische* Tradition, die in der messianischen Jesus-Bewegung armer palästinischer Juden ihren historischen und theologischen Ursprung hat, hat gerade diese Wirkungsgeschichte möglich gemacht. Unter den besonderen Bedingungen der christlichen penētes außerhalb von Palästina wurde aus der Solidarität unter Armen die Solidarität mit ihnen.

Das *lukanische* Doppelwerk ist in diesem Zusammenhang von besonderer Bedeutung. Zunächst fällt auf, wie häufig Lukas vom Almosengeben, von einem wohltätigen Verhalten an Armen spricht. In seiner Anti-Pharisäerrede kontrastiert er die rituellen Reinheitsvorschriften durch die Aufforderung, das »Innere« (ta enonta) der reingehaltenen Gefäße als Almosen zu geben (Lk 11,41). Daß es hier nicht um eine – so auch gar nicht haltbare – Kritik an den Pharisäern geht, sondern um eine scharfe Akzentuierung des Almosengebens mit Blick auf *christliche* Adressaten, zeigt dann schon wenig später dieselbe Aufforderung an die Jünger: Sie sollen ihren Besitz verkaufen und als Almosen geben (12,33). So wenig wir hier an einen historischen Vorgang in der Jesusnachfolge in Palästina denken dürfen, so wenig dürfen aber auch die »Pharisäer« dort historisiert werden[50]. Apg 3,1 ff schildert dann sehr anschaulich die Lage eines bettelnden Lahmen, der um Almosen (in diesem Fall kleine Geldbeträge) bittet. Er bekommt sehr viel mehr – nämlich die Gesundheit und damit doch wohl auch seine Arbeitsfähigkeit zurück. In Apg 9, 36 ff und 10,1 ff werden vorbildliche Almosengeber (Tabitha und der Hauptmann Cornelius) in ihrem damit zusammenhängenden positiven Schicksal dargestellt. Aus der Tabitha-Geschichte geht zunächst hervor, daß Almosen auch Kleidungsstücke sein konnten (Unter- und Obergewänder werden dem Petrus gezeigt)[51]. Allerdings geht es in dieser »Wundergeschichte« in erster Linie um den Zusammenhang zwischen der vorbildlichen Wohltätigkeit der Tabitha und ihrer Totenerweckung. Ich bin versucht, in dieser Auferstehungsgeschichte exemplarisch das künftige Schicksal jener abgebildet zu sehen, die sich wie Tabitha darum bemühen, »voll guter Werke und Almosen« zu sein (9,36). Denn gerade

Lukas liegt betont an der »Vergeltung« der Wohltätigkeit an Armen bei der Auferstehung. So begründet er in Lk 12,33 den von den Jüngern verlangten Besitzverzicht damit, daß sie sich einen »unvergänglichen Schatz in den Himmeln« schaffen sollen[52]. In besonderer Weise wird dann aber Lk 14,14 die Wohltätigkeit an Armen mit deren »Vergeltung« bei der Auferstehung der Gerechten motiviert.

In der unmittelbar auf die Tabitha-Episode folgenden Bekehrungslegende des Hauptmann Cornelius spielen viele Almosen, die er dem Volke Israel (laos) zukommen ließ, eine wichtige Rolle. Sie verschaffen ihm – wie seine Gebete – ein Gedächtnis bei Gott (10,4). Hier, wie Apg 24,17 ist Israel als Empfänger der Almosen erwähnt. Damit geht es um eine spezifische Legitimation der Beziehung des Almosengebers zu Israel[53]. Cornelius wird sozusagen als »Musterheide« geschildert. Er ist ein »Gottesfürchtiger« – kein Proselyt –, der in einer äußerst engen Beziehung zur Synagoge steht, freilich nicht den Übertritt zum Judentum vollgültig vollzogen hat (und als römischer Offizier gewiß ohne schwerwiegende Konsequenzen für seine Existenz gar nicht vollziehen konnte). Er gehörte damit zur Gruppe jener Sympathisanten der jüdischen Synagogen, aus denen sich nach dem Bericht der Apostelgeschichte in vorzüglicher Weise die Überwechsler zur christlichen Gemeinde rekrutierten (besonders vornehme Frauen). Eben diese Problematik steht hier im Hintergrund, d. h. die Bekehrungslegende des Cornelius ist apologetisch ausgerichtet. Er wird als mustergültiger »Gottesfürchtiger« geschildert, der auch in den Augen von Juden respektabel ist.
Was nun die Almosen des Cornelius an das Volk Israel betrifft, so könnte man durchaus an Wohltaten denken, wie sie vom Hauptmann von Kapernaum berichtet werden: Er hat eine Synagoge gebaut (Lk 7,5), doch ist auch möglich, daß direkte Almosen an arme Juden gemeint sind[54].

Neben Lukas gebraucht nur noch Matthäus (6,2-4) den Begriff Almosen (eleēmosynē). Dieser wendet sich allerdings gegen eine mißbräuchliche Almosen-Praxis, setzt sie also bei seinen (wohl überwiegend judenchristlichen) Adressaten grundsätzlich voraus. Lukas dagegen liegt daran, überhaupt zum Almosengeben aufzufordern – allenfalls eine lasche und unbedeutende Praxis voraussetzend, die er energisch verändern will. In besonderer Weise zeigt Lk 14,12-14, daß der Verfasser des dritten Evangeliums bei seinen (wohl überwiegend heidenchristlichen) Lesern die hellenistische Sozialmoral voraussetzt, in die er sein besonderes Interesse an den ptōchoi einbringt. Denn hier wird die Gastfreiheit, der gesellige Umgang unter Gleichgestellten, auf die Armen angewendet: Anstatt Freunde, Brüder, Verwandte, reiche Nachbarn zum Gastmahl zu laden, soll man die Armen, Krüppel, Lahmen und Blinden zu Tisch bitten. Die »Vergeltung« (antapodoma), auf die man bei den Gleichgestellten rechnen kann (und die damit faktisch die Armen von dieser sozialen Gepflogenheit ausschloß), kann ein solcher Armen-Gastgeber von Gott erwarten. Ihm wird bei der Auferstehung der Gerechten vergolten werden. Diese interpretatio christiana der hellenistischen Sozialmoral bemüht Lukas übrigens auch in bezug auf die innergemeindliche Liebestätigkeit. Besonders eindrücklich ist hier die Deutung der Jerusalemer Urgemeinde mit Hilfe des griechisch-römischen Ideals der Freundesgemeinschaft (koinōnia tōn philōn) in Apg 2 und 4. Doch darauf ist hier nicht näher einzugehen[55].

Außer den hier behandelten Texten ist darauf hinzuweisen, daß Lukas den von ihm geforderten Besitzverzicht der Reichen zugunsten der ptōchoi eingesetzt wissen will. Der sogenannte reiche Jüngling, der aufgefordert wird, seinen Besitz zu verkaufen und ihn unter Armen zu verteilen, schafft nicht, was der reiche Oberzöllner Zachäus vollbringt. Er will die Hälfte seines Besitzes den Armen geben (Lk 18,22 und 19,8). Gerade im Kontext der »kynischen« Tradition des Besitzverzichtes fällt dieses Verhalten ins Auge. Denn letztlich bleibt in der »kynischen« Tradition der Besitzverzicht selbst die entscheidende Leistung des Verzichtenden, die *Verwendung* des Besitzes aber individueller Phantasie überlassen; jedenfalls sind die Armen nicht als Empfänger im Blick. Umgekehrt ist für Lukas zu beachten, daß er niemals die Armut als vorbildlichen Zustand (etwa der Unabhängigkeit) preist, sondern nur die in der Nachfolge Jesu freiwillig arm gewordenen Jünger. Hinter der

Besitzverzicht-Forderung steht hier also kein asketisches Ideal, sondern einerseits die Hochschätzung einer aus der Nachfolge Jesu resultierenden Verzichtleistung der Jünger, andererseits die Kritik an den Reichen und die Solidarität mit den Armen. Im übrigen bleibt darauf hinzuweisen, daß Lukas sich die wohltätige Solidarität mit den Armen als individuelle Aufgabe von Christen – nicht als gemeindliche – vorstellt.

Allem Anschein nach hat der Verfasser des lukanischen Doppelwerkes bei seinen energischen Mahnungen zur Unterstützung der Bettelarmen eher wohlhabende Christen im Auge. Dies zeigt vor allem die unmittelbare Verknüpfung der Besitzverzichtsforderung mit der Unterstützung der Armen (Lk 18,22 u. 19,8). Doch rechnet Lukas natürlich auch mit der Unterstützung der Armen durch weniger wohlhabende Christen. Über die Eigentumsverhältnisse der vorbildlichen Tabitha wie des Hauptmann Cornelius wissen wir nicht genau Bescheid, doch bei beiden ist nicht zu erwarten, daß sie Reiche sind. Cornelius war ein unterer Rang in der römischen Offiziershierarchie, aus Apg 9,39 geht hervor, daß Tabitha die Kleidungsstücke selbst angefertigt hat. Lk 11,41 (Gebt das Innere als Almosen) wird mit einer relativ bescheidenen Almosengabe argumentiert. In Lk 3,11 (Wer zwei Untergewänder hat, gebe dem, der keines hat, wer Speise hat, tue ebenso) wird sogar mit der Solidarität unter den Bettelarmen selbst gerechnet. Jeder soll wohl – so geht aus einem anderen Zusammenhang (nämlich der Unterstützung zwischen christlichen Gemeinden) hervor: Apg 11, 29 f – nach seinem Vermögen (nach seinen finanziellen Möglichkeiten) geben. Den Ältesten aus Ephesus stellt Paulus sein eigenes Verhalten als Vorbild hin: Auch sie sollen ihre Missionsarbeit durch eigene Arbeit finanzieren und sich der Schwachen annehmen. Er verweist in diesem Zusammenhang auf ein (sonst unbekanntes) Jesuswort: »Geben ist seliger denn nehmen« (vgl. Apg 20,33-35).

Über diese konkreten Anweisungen zur Unterstützung der Armen hinaus entwirft Lukas – so könnte man sagen – als erster Theologe eine »Theologie der Armen«. Seine Darstellung der Wirksamkeit Jesu und der Nachfolge der ersten Jünger schildert uns die Jesus-Bewegung als eine Bewegung von Armen. Die wenigen Notizen, die Lukas dazu aus dem Markusevangelium aufnehmen konnte, verbindet er mit der aus der »Logienquelle« stammenden Überlieferung zu einer Geschichte Jesu und seiner Nachfolger in Palästina, in der die *freiwillige Armut* der Jünger in einem scharfen Kontrast zu den Reichen steht. Diese Absicht kommt besonders deutlich in der Gegenüberstellung der Seligpreisung der Armen (ptōchoi: gemeint sind die Jesusjünger) und dem Wehe über die Reichen zur Geltung (Lk 6,20 ff). Schon im »Magnificat« der Maria wird die erwartete Schicksalswende der Niedrigen und Reichen besungen (Lk 1,52 f). Gerade Lukas betont auch mehrfach, daß den Armen das Evangelium verkündet wird (4,18; 7,22). Viele Heilungswunder Jesu sind in diesem Milieu geschehen (4,31 ff; 5,12 ff; 6,6 ff). Neben den Armen und Kranken sind es die »Sünder«, die als Adressaten der Sendung Jesu während seiner irdischen Wirksamkeit angesprochen werden. Zwar hat Lukas sich nicht mehr vorstellen können, daß Jesus und seine ersten Anhänger in Palästina nicht freiwillig zu Armen werden mußten, sondern ganz unfreiwillig das Los vieler ihrer jüdischen Mitbürger geteilt haben. Er schildert nicht nur den ausdrücklichen *Besitzverzicht* der Jünger (vgl. nur 5,11), sondern auch seine Darstellung der Kindheit Jesu läßt keineswegs erkennen, daß dessen Eltern zu den Armen zählten (man denke nur daran, daß Jesu Eltern alljährlich zum Passahfest nach Jerusalem zogen: Lk 2,41). Doch scheut er sich auch nicht, die Jesus-Bewegung *als* Armenbewegung darzustellen – Jesus selbst scheint auch nichts besessen zu haben, da Lukas die Unterstützung der Jesus-Bewegung durch hochgestellte Frauen erwähnt: 8,3. Im Gegenteil, diese »Vorzüge« Jesu und seiner Anhänger

werden bei Lukas zu einer scharfen Kritik an den Reichen, seine Hinwendung zu den Verachteten wird zu einer scharfen Kritik an den Geachteten. In vergleichbarer Deutlichkeit haben in der Antike nur die »echten« kynischen Wanderphilosophen (nicht ihre Nachahmer in den Salons der Reichen) die eigene bettelarme, bedürfnislose Existenz als Kritik gegen das Luxusleben der Reichen gewendet. Doch geht es Lukas nicht um ein alternatives als bedürfnisloses Leben, sondern um eine Alternative zur Not der Armen und dem Luxusleben der Reichen. Sie besteht im Ausgleich zwischen beiden. Er stellt sich dies – wie die Geschichte vom reichen Oberzöllner Zachäus zeigt – sehr einfach vor: Die Reichen verzichten auf die Hälfte ihres Besitzes (vgl. dazu die interessante Parallele 3,11 als Maßstab der Solidarität unter den Armen selbst). Wenigstens unter den Christen selbst – und zwar vorübergehend in der Jerusalemer Urgemeinde – war dieser ideale Ausgleich verwirklicht: Sie hatten alles gemeinsam und es gab keinen Bedürftigen mehr unter ihnen (Apg 2,43 ff; 4,32 ff).
In diesem Zusammenhang soll noch erwähnt werden, daß die organisierte »Kollekte« des Paulus zur Unterstützung der Armen unter den »Heiligen« in Jerusalem (vgl. nur Röm 15,26) als Solidarität Armer (hier: penētes) mit noch Ärmeren (ptōchoi) vorzustellen ist. Auch sie hat einen »Ausgleich« im Blick, der als »Dank an Gott« von den Jerusalemern zurückerstattet, was die anderen Christen ihrem Mangel abhelfen, damit Gemeinschaft (koinōnia) herstellt (2 Kor 9,12 f).

III Das Armenevangelium und wir reichen Christen

0 Zusammenfassung des bisher Dargestellten

An den hier vorgetragenen Auslegungen neutestamentlicher Texte wird aufgefallen sein, daß ich die historisch-gesellschaftliche Zuordnung dieser Texte zu einem Kriterium ihres Verstehens mache. Für die Auslegung der behandelten Verse ist von zentraler Bedeutung, welche Lebensverhältnisse in ihnen vorausgesetzt werden und unter welchen ihre »Autoren« und/oder »Adressaten« selbst existiert haben. Diese Realien sind natürlich im einzelnen (mehr oder weniger) schwer rekonstruierbar, sie lassen sich aber doch in einem Umfang erheben, der eine sozialgeschichtliche Auffassung der Texte möglich macht. In einem ersten Durchgang habe ich sozusagen die »Phänomenologie« der ptōchoi, wie sie aus entsprechenden neutestamentlichen Texten erkennbar ist, erhoben. Die ptōchoi sind bettelarm, krank, dürftig bekleidet, auf das Lebensnotwendige angewiesen, das sie als Almosen erbitten. Diese Charakterisierung der ptōchoi ist gemein-antik, beschränkt sich nicht nur auf Palästina. Wichtig ist, daß die neutestamentlichen Texte zur Charakterisierung der Armen nicht den Begriff penēs, sondern eben die Bezeichnung für absolute Armut verwenden und diese auch meinen. Damit scheint sich eine gesellschaftliche Lage in den neutestamentlichen Texten zu reflektieren, wonach die Gruppe dieser Bettler im Unterschied etwa zu den Verhältnissen in den griechischen Städten in vorhergehenden Jahrhunderten bedeutend größer geworden ist. Deutlich ist aber auch ein besonderes *Interesse* der neutestamentlichen Texte an den Armen.

In einem zweiten Durchgang habe ich versucht, die behandelten Texte in ihrem jeweiligen Interesse an der Armut nun genauer der historisch-gesellschaftlichen Situation ihrer »Autoren« und/oder »Adressaten« zuzuordnen. Dabei habe ich zwei unterschiedliche Auseinandersetzungen mit dem Problem der Armut unterschieden, die zeitlich, geographisch, literarisch und von der sozialen Situation ihrer »Trägergruppen« gegeneinander abgrenzbar sind. Die Anhänger Jesu in der ersten und zweiten Generation in Palästina waren nach meiner Darstellung selbst Bettelarme, die sich als das Subjekt der Heilsgeschichte des Gottes Israels mit seinem Volk verstanden und untereinander Solidarität geübt haben. In den christlichen Gemeinschaften außerhalb von Palästina in urbanen Regionen des Imperium romanum gab es nach meiner Darstellung keine ptōchoi. Sie setzten sich beherrschend aus kleinen Leuten (penētes) zusammen, die nicht nur untereinander um Solidarität bemüht waren, sondern ein Bewußtsein für die Probleme der noch ärmeren (nichtchristlichen) Armen entwickelt und sich zur Hilfe verpflichtet gefühlt haben. Gerade in der Situation der lukanischen Christen, in der nun schon Wohlhabende zur Gemeinde zählten, kommt diese Verbundenheit mit den Ärmsten besonders stark zur Geltung. Sie steht etwa für Lukas (wie für Matthäus: vgl. nur Mt 25,31 ff) in einem direkten Zusammenhang mit den Glaubensüberzeugungen der Christen, ist nicht einfach als »ethische« Konsequenz von diesen zu isolieren.

1 Die Offenbarungen im Leben der Glaubenden

Man mag nun die vorgetragenen Auslegungen im einzelnen kritisieren, entscheidend ist jedoch hier ihre tendenzielle Absicht: Ich lese das Neue Testament als ein Monument des *Glaubens und Lebens* der frühesten christlichen Gruppen und Gemeinschaften in und außerhalb von Palästina. Dabei wird nicht verkannt, daß alle neutestamentlichen Texte der *Glaube* an die Heilsoffenbarung Gottes in Jesus Christus verbindet – wie immer er sich ausgesprochen haben mag. Denn eben der Glaube ist *nicht vom Leben* der Glaubenden zu *trennen,* wird gerade durch die Beziehung auf deren besondere Lebensverhältnisse konkret und auch eindeutiger verstehbar. Schon Jesu Predigt selbst wird nur in der Relation auf Jesu Verhalten und zum Leben (und die es bestimmenden Umstände) Jesu und seiner ersten Anhänger in Palästina eindeutig. Wir können den Glauben an Jesus Christus nicht verstehen, wenn wir ihn nicht aus dem historisch-gesellschaftlichen Zusammenhang der Glaubenden selbst begreifen lernen. Bartimäus und all jene Elendsgestalten, die sich mit seiner Lage identifizieren konnten, hat in Jesus von Nazareth als dem Davidssohn nicht nur eine historische Person als den endzeitlichen König in Israel geglaubt, sondern den Erbarmer gerade der Elenden erfahren. Es geht für ihn und jene, die sich von der wunderbaren Wandlung seines Elendsschicksals erzählen, nicht nur darum, daß hier eine historische Person als messianischer König geglaubt wird; vielmehr ist dieser Glaube und auch die Hoffnung, die er weckt, inhaltlich (geradezu programmatisch) der Glaube und die Hoffnung von Armen. Die Erkenntnis der Lebenslage der Glaubenden dient also hier *nicht* als *Erklärung* dafür, *daß* diese Menschen von ihrer Situation her ihre Hoffnungen auf eine bestimmte Person (Jesus) als gottgesandte Rettergestalt »projiziert« haben, sondern sie dient dazu, ihren Glauben an die Heilsoffenbarung Gottes in Jesus Christus konkret zu verstehen. Das gilt nicht nur für die palästinischen Anhänger Jesu, sondern auch für jene Christen, die dann in urbanen Regionen des römischen Reiches von ihrer Lage und theologischen Aufgabe her Jesus Christus als Heilsoffenbarung Gottes geglaubt haben. Wenn also das erste Interesse der neutestamentlichen Exegese ein *theologisches* ist, nämlich der

Versuch, Gottes Heilsoffenbarung in Jesus Christus zu verstehen, dann ist auch die so verstandene sozialgeschichtliche Exegese eine theologische. Sie liest das Neue Testament als Monument des *Glaubens und Lebens* jener Menschen, die aus der Frühzeit der mit dem Namen Jesu verbundenen geschichtlichen Bewegung *Zeugnis* geben von ihrem Glauben an die Heilsoffenbarung Gottes in Jesus Christus.

Das Neue Testament ist also für mich in dem Maße *Zeugnis* dieser Offenbarung, in dem es Zeugnis des *Glaubens* an sie in »Bekenntnis« und Lebenspraxis der Glaubenden ist. Und wir haben ja auch die Heilsoffenbarung Gottes in Jesus Christus nur in diesen irdenen Gefäßen. Das Neue Testament ist nicht selbst diese Offenbarung Gottes, das Christentum keine »Buchreligion«. Es ist vielmehr eine geschichtliche Bewegung, die aus dem palästinischen Judentum hervorgegangen ist zu Beginn der Zeitrechnung. In ihrer »Stiftungsurkunde« (der Bibel) überliefert diese Bewegung – im Alten Testament – die Geschichte Gottes mit seinem Volk als Geschichte dieses Volkes mit seinem Gott und – im Neuen Testament – die Fortführung dieser Geschichte in, mit und unter der Geschichte derjenigen, die in Jesus Christus Gottes Heilsoffenbarung an Israel und die Völker glauben. Und indem diese geschichtliche Bewegung der Christen im Kanon der Bibel ihre Wurzeln in der Geschichte Israels und ihre eigene »Ursprungsgeschichte« fixiert hat, will sie sich auch in ihrer jeweiligen Gegenwart daraus verstehen und sich daran messen und messen lassen müssen. Die Lektüre der Bibel ist also auch ein Akt der Vergewisserung darüber, ob die Christenheit in der Tradition der Nachfolge Jesu steht.

2 *Unser Wohlstand nötigt zu einer sozialgeschichtlichen Exegese*

Dazu erscheint mir unter den Bedingungen *unserer* historisch-gesellschaftlichen Lage und der Christenheit in ihr eine *geschichtliche* Auffassung der biblischen Traditionen hilfreich und notwendig. Wir müssen (auch) danach fragen, wie sich die im Neuen Testament zu Worte kommende Christenheit selbst verstanden hat, wer zu ihr gehörte, unter welchen Bedingungen des sozialen, wirtschaftlichen, politischen, kulturellen und religiösen Lebens ihr Glaube an Jesus Christus seinen bestimmten Ausdruck fand. Und dies nicht nur darum, weil uns von diesen frühen Christen eine *zeitliche* Distanz oder aber ein enormer *wissenschaftlicher* Fortschritt trennt. Also nicht nur, weil wir – um dieses bekannte Beispiel aus Bultmanns Entmythologisierungsprogramm zu gebrauchen – über elektrisches Licht verfügen, sondern weil wir in einem Maße durch die materiellen Bedingungen unseres Lebens geprägt sind, daß wir ohne historische Verfremdung die biblischen Texte nur noch *mißverstehen* können. Wenn dagegen in Solentiname, in El Salvador oder auf den Philippinen die kleinen Leute in den Evangelien lesen, dann erfahren sie etwas über sich selbst. Sie trennt kein »garstiger Graben« der Geschichte von der Tradition der Nachfolge Jesu damals in Palästina oder außerhalb. In den biblischen Traditionen spiegelt sich für sie weithin dieselbe Wirklichkeit des Hungers und der Armut, der Unterdrückung und Gewalt, die sie tagtäglich am eigenen Leibe erfahren. Wir dagegen, so sollten wir selbstkritisch begreifen, finden uns leichter in einer ironischen Passage S. Kierkegaards wieder:

»In der prächtigen Domkirche tritt der hochwohlgeborene, hochwürdige geheime Generaloberhofprediger auf, der ausgewählte Günstling der vornehmen Welt, er tritt auf vor einem Kreis von Auserwählten und predigt gerührt über den von ihm selbst ausgewählten Text: ›Gott hat ausgewählt das Geringe vor der Welt und das Verachtete‹ – und da ist niemand, der lacht.«[56]

Es ist also – formal ausgedrückt – der *sachliche* Abstand zwischen unseren Lebensbedingungen und denen der frühen Christenheit, der eine konkret-geschichtliche Auslegung der Bibel erfordert. *Inhaltlich* ist es der Abstand zwischen den Satten und den Hungernden, den Reichen und den Armen – verbunden mit all dem, was das Leben der plousioi und der ptōchoi heutzutage bestimmt. Und insofern uns dieser Abstand noch gegenwärtig von einer großen Zahl von Hungernden und Armen auf dieser Welt trennt, ist er kein theoretischer nur, sondern ein praktischer, ist er kein historischer nur, sondern ein aktueller Abstand. Darum ist die sozial-geschichtliche Auslegung der biblischen Texte eine theologisch notwendige Lektüre der Bibel im Interesse an der Nachfolge Jesu Christi. Jedenfalls gilt dies für uns Wohlstandschristen. Für uns ist keine Erkenntnis der Heilsoffenbarung Gottes in Jesus Christus möglich – und in dieser sehe ich die Aufgabe von Theologie – unter Absehung davon, *wie* diese Heilsoffenbarung sich in der Zeit *inhaltlich-konkret* manifestiert hat. Messianischer – christlicher – Glaube ist mehr als die gläubige Identifizierung einer geschichtlichen Person als Messias-Christus, er ist zugleich auch die Identifizierung mit dem durch diese Person repräsentierten Programm. So war es vom Anfang der messianischen Bewegung an, die sich mit dem Namen Jesu verbindet – in Zustimmung und im Widerspruch. Nicht die Tatsache, *daß* hier einer als Messias-Christus geglaubt und ihm nachgefolgt wird, sondern auch, welcher *Botschaft* und welcher *Praxis* dieser Person messianischer Sinn zugesprochen (bzw. abgesprochen) wurde und wird, konstituiert den Messianismus. Jener Jesus von Nazareth, der vom Verkündiger zum Verkündigten geworden ist, zieht sie alle mit ins »Kerygma« hinein, denen seine Botschaft und sein Wirken galt, die in ihrer Lage und Aufgabe an ihm ihren Hoffnungen Ausdruck gaben und geben konnten. Er kann auch heute nicht – von uns – ohne sie geglaubt, erkannt und verkündigt werden. Auch die armen, elenden und verachteten Gestalten Israels, denen er eine hoffnungsvolle Zukunft in der Königsherrschaft Gottes eröffnet hat, sind keine zufälligen Statisten des unerfindlichen Willens Gottes, sein Wort Fleisch werden zu lassen. Sondern diese kleinen Leute und ihr Gott gehören zusammen, sie sind Träger und Adressaten des durch sie mitkonstituierten Wortes, das als »Evangelium der Armen« (ptōchoi euangelizontai: Lk 7,22/Mt 11,5; Lk 4,18) konkrete Gestalt angenommen hat. Es geht also insofern nicht um das alte theologische Problem des »historischen Jesus«, sondern um die Konkretion der Offenbarung Gottes in seinem Messias. Von dieser können wir nur reden, wenn wir auch von ihrem *manifesten* Inhalt – dem Evangelium der Armen – reden. E. Käsemann hat es auf der Weltmissionskonferenz in Melbourne so ausgedrückt:

»Der König des himmlischen Reiches ist weiterhin auf den Straßen dieser Welt unterwegs. Man hat nichts von ihm verstanden, wenn man ihn am falschen Orte sucht und unter falschen Devisen verkündet. Gefunden wird er immer nur dort, wo Erlösung not tut, also nach Ps 107,10 bei denen, die da ›sitzen mußten in Finsternis und Dunkel, gefangen in Zwang und Eisen‹.«[57]

3 Rechtfertigung – falsch verstanden

Wir Wohlstandschristen können darum nicht länger die »frohe Botschaft« so behandeln wie Freuds Psychoanalyse die Träume. So als ob der manifeste Offenbarungsinhalt nur das zufällige historische Material abgibt, an dem christliche Theologie sich nur abarbeitet, um auf den wesentlichen Kern, den latenten Offenbarungsinhalt zu stoßen. Dieses Loten in die »Tiefe« mußte zwangsläufig zu äußerst abstrakten Erkenntnissen führen, mit deren Hilfe das Evangelium der Armen zum Evangelium der Reichen werden konnte. Das pocht etwa darauf, daß Arme und Reiche vor Gott gleichermaßen schuldig sind, ihnen beiden gleichermaßen die »frohe Botschaft« gilt.[58] Es spielt – so könnte man sagen – eine falsch verstandene Rechtfertigungstheologie des Paulus gegen das »Kerygma« der Evangelien aus. Ich möchte dies an einer Re-Interpretation des Gleichnisses von »Pharisäer und Zöllner« zeigen (Lk 18,9 ff). Es muß nur ein wenig abgeändert werden. Es müßte nämlich gut-paulinisch-lutherisch von einem reichen Christen sprechen, der nicht mehr auf seine religiösen »Leistungen« verweist, sondern sich vor Gott als Sünder bekennt. Freilich würde er in sein Schuldbekenntnis gleich noch den Armen neben sich mit einbeziehen, auch diesen vor Gott als Sünder verklagen. Der Herr verklagt den Knecht der gleichen abstrakten Sünde, anstatt die seine zu bereuen und hinfort nicht mehr zu sündigen durch direkte oder indirekte Beteiligung an der Unterdrückung und Verelendung des Knechtes. Diese Egalisierung der Reichen und Armen, Herren und Knechte in der Sünde ist selbst Sünde »coram deo«, da ihr »coram mundo« eine teilweise grausame Wirklichkeit der Nicht-Egalität entspricht. Sie läuft faktisch auf die Selbstrechtfertigung des Sünders hinaus. Gerade wir Christen in diesem Lande müssen uns hüten, zwischen der Rechtfertigungsbotschaft und dem Evangelium der Armen eine falsche Alternative herzustellen. Selbst wenn es hier Differenzen gibt, so dürfen beide nicht gegeneinander ausgespielt werden, müssen wir die Spannung aushalten und begreifen, daß nicht wir sagen können: Wir gehören zu Paulus, die Christen in den armen Ländern dieser Welt aber sagen: Wir gehören zum Messias der Armen. Ist denn Christus geteilt?

4 Schafft euch Freunde mit dem ungerechten Mammon

Die wirklich geschichtliche Auffassung der »frohen Botschaft«, die Gottes Heilsoffenbarung in Jesus Christus nicht

von den an sie glaubenden Menschen damals, diese wiederum nicht in ihrem Glauben von ihrem Leben und die es bestimmenden Verhältnisse trennt, entdeckt denn auch im Evangelium nicht nur das, was uns von der Tradition der Nachfolge trennt. Sie entdeckt in ihm auch die *Chancen* und *Möglichkeiten, die uns mit dem Evangelium versöhnen* und in die Tradition des Armenmessias aus Nazareth stellen läßt. Sie eröffnet auch uns die Möglichkeit, im falschen das wahre Leben anzufangen, das Hoffen zu lernen.
Unter vielen Beispielen bietet sich m. E. Lk 16,1 ff an, das Gleichnis vom ungerechten Haushalter. Das Gleichnis erzählt von dem Verwalter eines reichen Mannes, von jenem Sklaven[59], der dem Reichen die Finanzgeschäfte führt (oikonomos). Der muß, weil er offenbar Gelder veruntreut hat, Bilanz legen. Und er hat zu befürchten, seinen Posten zu verlieren und dann als Landarbeiter oder Bettler ein elendes Leben zu fristen[60]. Doch klug wie er ist, frisiert er Schuldscheine, um sich dadurch die Schuldner geneigt zu machen, daß sie ihn in ihre Häuser – und das heißt hier nicht einfach Unterkunft, sondern bedeutet die Aufnahme in ein Haus im Sinne einer Wirtschafts- und Sozialeinheit – aufnehmen. In V. 9 zieht Jesus ein Fazit für die Jünger aus dem Gleichnis:

»Und ich sage euch: Schafft euch Freunde aus dem Mammon der Ungerechtigkeit, damit – wenn er ausgeht – sie euch aufnehmen in die ewigen Zelte.«[61]

Lukas will damit sagen, daß es für die Jünger einen legitimen Umgang mit Geld gibt, der *kein* Mammondienst ist. Den nämlich, sich »Freunde« damit zu schaffen. Damit greift Lukas einen hellenistischen Topos auf, den er innerhalb seiner theologischen Absicht abwandelt. Er denkt hier an christliche Liebstätigkeit, die nun nicht – wie das sich »Freunde schaffen« in der antiken »Freundesliebe« überhaupt und in dem Verhalten des Haushalters im Gleichnis exemplarisch – auf Vergeltung jetzt und hier in Tagen der eigenen Not[62] rechnet, sondern eine solche Vergeltung im künftigen Leben erwartet. Mit dem vergänglichen Mammon kann man sich einen unvergänglichen Schatz erwerben (Lk 12,33)[63]. Die Schlußformulierung (V. 13: niemand kann zwei Herren dienen) ist keine Warnung vor dem Mammonsdienst im eigentlichen Sinne. Sie weist vielmehr noch einmal darauf hin, daß die Jünger keine Mammonsdiener sind, wenn sie sich mit diesem Freunde schaffen[64].

Es geht also darum, den Mammon sinnvoll einzusetzen. Genauso wie in Lk 19,1 ff der reiche Oberzöllner die Hälfte seines Besitzes den Armen (ptōchoi) gibt, soll auch hier der Mammon der Ungerechtigkeit zum Gutestun verwendet werden. Der reiche Kornbauer dagegen stirbt, weil er für sich selbst Schätze sammelt und nicht reich ist in bezug auf Gott (Lk 12,13 ff), also eben nichts Gutes mit seiner Rekordernte anfängt, keinen unvergänglichen Schatz damit erwirbt.

Auch wir Wohlstandschristen können uns also Freunde schaffen mit dem Mammon der Ungerechtigkeit. Wir können sinnvoll ärmer werden, indem wir einen Teil unseres Reichtums den Ärmsten dieser Welt zugute kommen lassen. Freilich geht es um mehr als etwa um die vielfach hilfreiche Arbeit von »Brot für die Welt«. Nämlich um einen Beitrag der reichen Nationen an die Armen, der an die Substanz unseres gewohnten Lebensstandards und damit auch an das wohl-ausbalancierte Geflecht gesellschaftlicher Interessen rührt. Denn nur so ist – wie übereinstimmend alle Fachleute feststellen – eine wirkliche Änderung der elenden Lage von Millionen von Menschen möglich. Letztlich wird nur eine strukturelle Änderung der politisch-ökonomischen Grundlagen des skandalösen Gefälles zwischen den reichen und den armen Nationen dieser Welt wirkliche Hilfe bringen, davon sind wir noch weit entfernt. Doch die Durchsetzung dieser Einsicht hängt auch vom Verhalten der Christen und besonders dem Einfluß und dem Verhalten der Kirchen ab. In diesem Zusammenhang bezeichnet m. E. die Erzählung

Jesu vom »Scherflein der Witwe« die Aufgabe der Christen (Mk 12,41-44). Wir reichen Christen in der BRD müssen uns in den Reichen dieser Erzählung wiedererkennen. Wir haben im Verhältnis zur armen Witwe viel in den Opferstock für die Armen geworfen. Freilich ist dieser Beitrag wenig wert, denn wir haben von unserem Überfluß gegeben, aber nicht von unserer Substanz – wie die arme Witwe. Doch eben dies wird billigerweise von uns erwartet, denn – so können wir aus heutiger Einsicht hinzufügen – nur dieser substanzielle Beitrag kann wirklich notwendend wirken und ist darum notwendig. Diese Aufgabe aber kann unter den Christen nur Nachahmung finden, wenn die Kirchen insgesamt ihn auch leisten, also ihre Haushalte daraufhin durchforschen, wo eingespart werden kann und muß, damit ein wirklich wesentlicher Beitrag aus dem kirchlichen Etats den Armen zugute kommt.
Hierzu wird freilich auch eine Konversion von Theologie und Verkündigung vonnöten sein. Wir müssen begreifen lernen, daß die »Theologie der Armen« zu einem zentralen Thema der Theologie in unserer Epoche wird[65]. Das Verhältnis der Christen, Kirchen und Theologie zur weltweiten Armut betrifft nicht mehr nur den Bereich der christlich-selbstverständlichen Liebestätigkeit, vielmehr geht es auch um das christliche Selbstverständnis. Es steht nicht nur eine praktische *Konsequenz* unseres Glaubens an die Heilsoffenbarung Gottes in Jesus Christus zur Debatte, sondern es geht um diesen Glauben selbst. Das Gleichnis vom großen Weltgericht in Mt 25,31 ff gibt hierzu die Richtung an: Unser Verhältnis zu den Armen dieser Welt und unser Verhältnis zu Jesus Christus dem Menschensohn sind identifizierbar. Theologie der Armen bedeutet für uns reiche Christen: Daß wir unsere theologische Reflexion betreffen lassen von dem Skandal der weltweiten Armut und nicht länger so tun, als ob Gott die Reichen dieser Welt erwählt hat.

IV Anmerkungen

1. Grundlegende Informationen zu den ptōchoi, penētes und plousioi im Theologischen Wörterbuch zum Neuen Testament (begründet von G. Kittel, ed. G. Friedrich), Stuttgart usf. 1933 ff – zu den jeweiligen Begriffen. Dort auch weitere Literatur.

2. Dazu s. H. Bolkestein, Wohltätigkeit und Armenpflege im vorchristlichen Altertum, Utrecht 1939 = Groningen 1967, 184. 410.

3. Vgl. dazu Platon, Kriton 53 A.

3a. Ich nenne hier einige Literatur, die auf diese sozio-ökonomischen Verhältnisse eingeht:

S. Applebaum, Economic Life in Palestine, in: Compendia Rerum Judaicarum ad Novum Testamentum I, Assen/Amsterdam 1976, 631 ff.

F. C. Grant, The Economic Background of the Gospels, Oxford 1926.

M. Hengel, Die Zeloten, Leiden 1961.

J. Jeremias, Jerusalem zur Zeit Jesu, Göttingen 1958^{2}; 1962^{3}.

H. G. Kippenberg, Religion und Klassenbildung im antiken Judäa, Göttingen 1978.

H. Kreissig, Die sozialen Zusammenhänge des judäischen Krieges, (Ost-) Berlin 1970.

A. Schalit, König Herodes, Berlin 1969.

G. Theissen, »Wir haben alles verlassen« (Mc X 28), Nov Test XIX (1977) 161 ff.

L. Schottroff / W. Stegemann, Jesus von Nazareth – Hoffnung der Armen, Stuttgart usf. 1978, 26 ff.

4. Auf diesen Text hat mich Luise Schottroff aufmerksam gemacht. Vgl. auch Philo, Spec. Leg. I, 143; II, 96; III, 162 f.

5. Siehe dazu G. Dalmann, Orte und Wege Jesu, Darmstadt 1967 (= 1924^{4}), 79, und die Taxordnung des Diokletian VII, Übersetzung bei K. Bücher, Beiträge zur Wirtschaftsgeschichte, Tübingen 1922, 210.

6. Zu Mk 2,23-28 s. L. Schottroff / W. Stegemann, Der Sabbat ist um des Menschen willen da. Auslegung von Mk 2,23-28, in: W. Schottroff / W. Stegemann (Hg.), Der Gott der kleinen Leute, Bd. 2, München 1979, 58 ff.

7. Josephus, De Bello Judaico VII, 438 ff; vgl. auch II, 261 ff.

8. Bellum VI, 300 ff, berichtet Josephus von der Verfolgung eines ungebildeten Unheilpropheten Jesus Ben Ananias, der von angesehenen Bürgern Jerusalems beim Landpfleger Albinus angezeigt wurde und trotz seiner Harmlosigkeit nur knapp der Kreuzigung entkam.

9. Zum »Magnificat« s. L. Schottroff, Das Magnificat und die älteste Tradition über Jesus von Nazareth, Ev Th 38 (1978), 298 ff.

10. W. Wuellner, The Sociological Implications of I Corinthians 1, 26-28 Reconsidered, in: Studia Evangelica IV (TU CXII), Berlin 1973, 666-672. Hier zitiert nach A. J. Malherbe, Soziale Ebene und literarische Bildung, in: Zur Soziologie des Urchristentums, ed. W. A. Meeks, München 1979, 194 ff: 195.

11. E. A. Judge, Christliche Gruppen in nichtchristlicher Gesellschaft, Wuppertal 1964, 58 f.

12. Ebd., 59 f.

13. G. Theissen, Soziale Schichtung in der korinthischen Gemeinde, ZNW 65 (1974), 232 ff.

14. H. Kreissig, Zur sozialen Zusammensetzung der frühchristlichen Gemeinden im ersten Jahrhundert u. Z., Eirene 6 (1967), 91 ff. K. weiß leider nichts von der Bedeutung der synoptischen Evangelien zur Beantwortung des in seinem Aufsatz gestellten Problems.

15. Siehe dazu Chr. Burchard, Gemeinde in der strohernen Epistel. Mutmaßungen über Jakobus, in: Kirche, FS Günther Bornkamm, ed. D. Lührmann / G. Strecker, Tübingen 1980, 315 ff; bes. 323 f.

16. Zu dem Gedankengang des Jakobusbriefes s. Chr. Burchard, Zu Jakobus 2, 14-26, ZNW 71 (1980), 27 ff.

17. Dazu s. L. Schottroff / W. Stegemann, Jesus, 129 ff.

18. Dieser Ausdruck (katadynasteuein) bezeichnet einen Machtmißbrauch. Vgl. nur Aristeasbrief 148; Diod Sic 13,73.

19. Siehe Philo, In Flaccum 57. Dazu auch V. Tcherikover, Hellenistic Civilization and the Jews, Philadelphia 1961/Jerusalem 5722, 338 u. ö.

20. Siehe nur Theissen, a. a. O., 234: ». . . so steht ja eines fest, daß es einige gegeben hat.«

21. Bellum VI, 113 f; vgl. auch I, 522 u. ö.

22. Die Vulgata-Übersetzung spricht denn auch von einem »arcarius civitatis«. Cadbury, Erastus of Corinth, JBL 50 (1931), 42-58, hält ihn für einen Sklaven.

23. Vgl. dazu die breite und differenzierte Darstellung in dem unter Anm. 13 genannten Aufsatz: Wiederabgedruckt in: G. Theissen, Studien zur Soziologie des Urchristentums, Tübingen 1979, 236 ff; hier: 245.

24. Siehe dazu auch W. Stegemann, Wanderradikalismus im Urchristentum? Historische und theologische Auseinandersetzung mit einer interessanten These, in: W. Schottroff / W. Stegemann (Hg.), Der Gott der kleinen Leute, 94 ff; bes. 107 ff. Zur lukanischen Interpretation s. L. Schottroff / W. Stegemann, Jesus, 97 ff. H.-W. Kuhn, Nachfolge nach Ostern, in: FS Bornkamm, 105 ff (hier: 125 f), bezweifelt meine Deutung von Mk 10,28-30 auf »seßhafte Religionswechsler«. Er denkt an »Wandermissionare«.

25. Zur Situation der Markus-Christen s. L. Schottroff, Die Gegenwart in der Apokalyptik der synoptischen Tradition, Vortrag beim »International Colloquium for Apocalypticism«, Uppsala 1979. Einige Bemerkungen auch in meinem Aufsatz: Lasset die Kinder zu mir kommen. Sozialgeschichtliche Aspekte des Kinderevangeliums, in: W. Schottroff / W. Stegemann (Hg.), Traditionen der Befreiung I. Methodische Zugänge, München 1980, 114 ff.

26. L. Schottroff, Die Güte Gottes und die Solidarität von Menschen. Das Gleichnis von den Arbeitern im Weinberg, in: W. Schottroff / W. Stegemann (Hg.), Der Gott der kleinen Leute, Bd. 2, 71 ff; hier: 85 f.

27. Genauere Argumentation bei L. Schottroff / W. Stegemann, Jesus, 120 ff.

28. Siehe H. Greeven, Artk. euschēmōn, ThW II, 770.

29. Vgl. Judge, 51 f.

30. Siehe auch Judge, 34 f. Auch kleine Leute konnten Sklaven besitzen; s. in diesem Zusammenhang S. S. Bartchy, First-Century Slavery and 1 Corinthians 7:21, Montana 1973, 37 ff. Für Ägypten s. die anschauliche Schilderung bei E. Brunner-Traut, Die alten Ägypter. Verborgenes Leben unter Pharaonen, Stuttgart usf. 1976^2, 202 ff.

31. Zur christl. Liebestätigkeit: A. v. Harnack, Die Mission und Ausbreitung des Christentums in den ersten drei Jahrhunderten, Leipzig 1924^4; H. J. Degenhardt, Lukas – Evangelist der Armen, Stuttgart 1965. Zur Rolle der Frauen s. L. Schottroff, Frauen als Nachfolgerinnen Jesu in neutestamentlicher Zeit, in: W. Schottroff / W. Stegemann (Hg.), Traditionen der Befreiung II. Frauen in der Bibel, München 1980, 91 ff. Zur »Organisationsform« der christlichen Gemeinschaften s. nur: R. L. Wilken, Kollegien, Philosophenschulen und Theologie, in: Zur Soziologie des Urchristentums (Hg. W. A. Meeks), 165 ff.

32. Der in 2,1-4 geschilderte Fall ist vielleicht wie der von christlichen Armen 2,14-16 eine hypothetische Übertreibung, die anschaulich die falsche prosōpolēmpsia vor Augen führen soll. Der anēr chrysodaktylios en esthēti lamprą (2,2), den Burchard nicht ohne Hintersinn »Goldfinger« nennt (FS Bornkamm, 323), kann durchaus einen Adeligen des Ritterstandes (ordo equestris) meinen (wegen des Ringes) – vgl. Judge, 52. Daß er reich ist, wird zwar nicht gesagt, geht doch wohl aber aus dem Zusammenhang klar hervor. Die Adressaten des Jak behandeln die, die sie bedrücken (2,6) ehrehrbietig (wie den »Goldfinger«), die Armen aber, die Gott erwählt hat, behandeln sie verächtlich (wie den Armen in der Gemeindeversammlung).

33. Die Wendung kalōs poieite muß doch wohl mit »Gutes tun« (nicht mit »rechttun« im Sinne von sich richtig verhalten) übersetzt werden. Vgl. zu Jak 2,8 auch Lk 6,27. Jak 1,27 bezieht sich auf eine innergemeindliche Wohltätigkeit.

34. Dazu s. Schottroff/Stegemann, Jesus, 113 ff.
35. Zur »Oikonomia« und ihrer analogischen Deutung auf die Ordnung im Staat ist der knappe, aber instruktive Abschnitt bei Judge, 29 ff, zu vergleichen.
36. Zu den hier gebrauchten negativen Begriffen s. nur W. Bauer, Wörterbuch zum Neuen Testament, Berlin 1958 u. ö. (s. v.).
37. Die Formulierung hoi dokountes archein meint m. E. zunächst nur die genuine Aufgabe des »Regierens«. Sie wird nicht in ihrer Geltung überhaupt, sondern durch die erwähnte mißbräuchliche Praxis eingeschränkt.
38. Dazu s. nur die Äußerung des britannischen Heerführers Calgacus in der Schrift des Tacitus über seinen Schwiegervater »Agricola«: »Räuber der Welt, durchspüren sie, nachdem den alles Verwüstenden die Länder ausgingen, nun auch das Meer – habgierig, wenn der Feind reich, ruhmsüchtig, wenn er arm ist . . . Stehlen, Morden, Rauben heißen sie mit falscher Bezeichnung ›Herrschaft‹ (imperium), und wo sie Einöde schaffen, nennen sie das ›Frieden‹ (pax)«. Die bewohnte Erde (orbis terrarum/oikoumenē) ist in Wahrheit ein von den Römern beherrschter »Sklavenhaufen« (Agric. 30,4:31,2).
39. Ich verweise hier nur auf einige Belege bei Philo: Flacc 74.126; Legatio 22; Leges 143. Die Literatur zum Herrscher- bzw. Kaiserkult ist Legion. Ich nenne hier nur die wichtige Studie von K. Scott, The Imperial Cult under the Flavians, Stuttgart-Berlin 1936.
40. Als Retter (Sōtēr) ist Jesus etwa Lk 2,11; Apg 13,23 bezeichnet. Der Titel Anführer (Archēgos) kommt Apg 3,15; 5,31 vor.
41. R. Morgenthaler, Roma – Sedes Satanae, ThZ (Basel) 12 (1956), 289 ff. Ich kann hier auf die äußerst konsequente Kritik des Lukas an der Herrscherideologie seiner Zeit nicht näher eingehen. Sie ist nur im Gesamtzusammenhang seiner »Christologie« darstellbar.
42. Vgl. dazu meinen Aufsatz: »Lasset die Kinder zu mir kommen«, aaO., 130 ff. Auch das sog. Kinderevangelium (Mk 10,13 ff) ist nach meiner Interpretation so zu verstehen.
43. Siehe ebda., 117 ff.
44. Siehe dazu Schottroff/Stegemann, Jesus, 16 ff. 115.
45. Ebda., 114 ff.
46. Harnack, Mission, 171.
47. Vgl. insgesamt dazu Harnack, 170 ff.
Siehe auch Gal 6,10: »Lasset uns Gutes tun an allen, am meisten aber an den Genossen des Glaubens«. Tertullian, der vor allem innerchristliche Solidarität bezeugt (Apologeticum 39), kennt aber auch Barmherzigkeit mit Nichtchristen: »Wahre Barmherzigkeit gibt auf den Gassen mehr Geld aus als eure Religion in den Tempeln« (Apol. 42). Der Kaiser Julian muß später neidvoll die christliche Wohltätigkeit anerkennen: »Die gottlosen

Galiläer ernähren außer ihren eigenen Armen auch die unsrigen; die unsrigen aber ermangeln unserer Fürsorge« (Sozom. V, 16). Besonders in Notsituationen großen Ausmaßes treten Christen durch unterschiedslose Hilfe hervor (Euseb, Hist. Eccl. IX,8).

48. Vgl. dazu die eben genannten Zitate – vor allem Euseb: »Sie zeigten sich damals (gemeint ist eine Pest zur Zeit des Maximus Daza) allen Heiden im hellsten Licht; denn die Christen waren die einzigen, welche inmitten so vieler Drangsale ihr Mitgefühl und ihre Menschenliebe durch die Tat selbst bewiesen . . . Als dies bekannt wurde, pries man den Gott der Christen und bekannte, daß sie allein die wahrhaft Frommen und Gottesfürchtigen seien, weil sie es durch die Tat selbst bewiesen.«

49. Vgl. dazu umfassend das zitierte Werk von H. Bolkestein (Wohltätigkeit und Armenpflege . . .); Zur Kurzinformation: Bolkestein/Schwer, Artk. Almosen, Reallexikon für Antike und Christentum (RAC), Bd. I, Stuttgart 1950, Sp. 301 ff; W. Schwer, Artk. Armenpflege, RAC I, Sp. 689 ff; Bolkestein/Kalsbach, Artk. Armut I, RAC I, Sp. 698 ff. Vgl. auch W.-D. Hauschild, Artk. Armenfürsorge II, Theologische Realenzyklopädie (TRE), Band IV, Berlin-New York 1979, 14 ff (in bezug auf das NT recht kritisch zu beurteilen). In den schon erwähnten »Controversiae« von Seneca (X,4) erscheint als eines der Motive, bettelnden Kindern und Jugendlichen Almosen zu geben, die grausame Möglichkeit, es könnten die eigenen (ausgesetzten) Kinder sein bzw. die Hoffnung, denen würden dann wie man selbst andere Almosen geben. Die Skepsis gegenüber Almosen an Bettler ist aus Diogenes Laertius (V,1,17.21) erkennbar.

50. Das wird noch dadurch unterstrichen, daß es sich in 11,41 wie 12,33 um lukanische Redaktion handelt. Das »Innere« der Gefäße meint doch kaum etwas anderes als Speisen und Trank.

51. Tragen nun die weinenden Witwen die Kleidungsstücke selbst, oder zeigen sie in dem Obergemach noch vorhandene Kleidungsstücke, die Tabitha hergestellt hat? Meistens wird angenommen, daß die Witwen (weil sie Witwen sind) selbst die Empfänger dieser Almosen waren. Dann werden sie sie wohl auch getragen haben. Freilich erscheint mir diese Situation ziemlich »operettenhaft«: Die Almosenempfängerinnen versammeln sich weinend am Totenbett ihrer Wohltäterin und weisen auf die Wohltaten am eigenen Leibe. Ich verstehe so, daß Tabitha nicht von ungefähr inmitten ihrer Almosen aufgebahrt liegt. Übrigens befördert Petrus die Witwen recht unsanft hinaus (ekbalōn).

52. Belege zu dieser Vorstellung bei K. Berger, Almosen für Israel, NTSt 23 (1977), 180 ff.

53. Siehe dazu den erwähnten Aufsatz von K. Berger.

54. Dazu Berger, 190-192.

55. Siehe dazu nur Degenhardt (Anm. 31), 160 ff. 180 ff. Er unterscheidet allerdings nicht präzise genug zwischen innerchristlicher Liebestätigkeit

und Solidarität mit den Armen. Fraglich ist dagegen seine Untersuchung zwischen »Amtsträgern« und anderen Christen.

56. S. Kierkegaard, Der Augenblick. Aufsätze des letzten Streits, Düsseldorf-Köln 1959 (Ges. Werke 34. Abt.), 201.

57. E. Käsemann, Königsherrschaft Gottes, in: der überlick, Zeitschrift für ökumenische Begegnung und internationale Zuuammenarbeit, 16 (1980), Heft 2, 10 ff:11.

58. Siehe nur das Interview mit dem Leiter der EKD-Delegation in Melbourne in derselben Zeitschrift, 32 f.

59. Daß es sich hier um einen Sklaven handelt, geht aus dem Gleichnis selbst hervor. Der Reiche ist sein kyrios/lat. dominus.

60. Der Begriff skaptein (graben) wird m. E. als Umschreibung der elenden Lage und Arbeit eines landarbeitenden Sklaven bzw. Tagelöhners verstanden werden müssen. Dies wird auch durch die gleichzeitige Verwendung des Begriffes epaitein (betteln) unterstrichen. Der Verwalter hat also vorher – auch als Sklave – eine recht angenehme Position gehabt, wenn er sich vor diesen Konsequenzen scheut.

61. Erst jetzt (V.9) ergreift Jesus – nach der Erzählung des Gleichnisses – das Wort. In V. 8 ist mit dem kyrios noch der reiche Sklavenhalter – nicht Jesus – gemeint. Beachte dazu den betonten Anfang in V. 9: »Und *ich* sage euch . . .«.

62. Der Begriff eklipē (V. 9) spielt darauf an: »wenn er ausgeht«; vgl. dazu 12,33: »unvergänglicher Schatz« (thēsauros anekleiptos).

63. Ähnlich argumentiert Lk in 14,7-14; vgl. auch den formal gleichen Aufbau: Einwand durch »Pharisäer« (14,15 und 16,14).

64. Dies geht auch aus 16,14 f hervor. D. h. die »Pharisäer« sind in Wahrheit geldgierig (philargyros).

65. Aus der umfangreichen Literatur zur »Theologie der Armen« verweise ich auf:

Julio de Santa Ana, Gute Nachricht für die Armen. Die Herausforderung der Armen in der Geschichte der Kirche, Wuppertal 1979.

José Miguez Bonino, Theologie im Kontext der Befreiung, Göttingen 1977.

Georges Casalis, Das Evangelium der Armen, in: Traditionen der Befreiung I (s. Anm. 25), 145 ff.

Norbert Greinacher, Die Kirche der Armen. Zur Theologie der Befreiung, München 1980;

Bericht des Evangelischen Missionswerkes; epd Dokumentation Nr. 8/80, 35 ff.

Inhalt